AF734158

Die Einschränkungen der Aufrechnung und der Konfusion im Konkurs

Von

Dr. jur. Heinrich Kunick
Gerichtsreferendar
Assistent der rechts- und staatswissenschaftlichen Fakultät
der Universität Halle-Wittenberg

Berlin und Leipzig 1926

Walter de Gruyter & Co.

vormals G. J. Göschen'sche Verlagshandlung — J. Guttentag, Verlagsbuchhandlung
Georg Reimer — Karl J. Trübner — Veit & Comp.

Inhaltsverzeichnis.

§ 1. Einleitung.

Überblick über das Thema und die Methode seiner Behandlung.

I. Die Beantwortung der Frage, in welchem Umfange der Konkurs ein Erlöschen der Schuldverhältnisse durch Aufrechnung oder durch Vereinigung von Forderung und Schuld in einer Hand (Konfusion) ausschließt, ist abhängig:

1. Von den Beziehungen der betreffenden Forderungen zur Konkursmasse.
2. Von dem Zeitpunkt der Entstehung der Forderungen.
3. Von der Art und Weise ihres Erwerbes.

Zu 1.

A. Die Forderungen, für deren Befriedigung das Vermögen des Gemeinschuldners haftet, können mit Bezug auf ihr Verhältnis zur Konkursmasse eine dreifach verschiedene Stellung haben. Es können sein entweder Konkursforderungen oder Masseforderungen oder Nichtkonkursforderungen.

a) Konkursforderungen sind die Forderungen aller derjenigen persönlichen Gläubiger, welche einen zur Zeit der Konkurseröffnung begründeten Vermögensanspruch an den Gemeinschuldner haben. (§ 3 KO.). Es sind die Forderungen der sogenannten Konkursgläubiger. Das Konkursverfahren dient in erster Linie ihrer gemeinschaftlichen Befriedigung. Diesem Zwecke wird die Konkursordnung aber nicht dadurch gerecht, daß sie das zur Konkursmasse gehörige Vermögen auf die Konkursgläubiger übergehen ließe; denn nach § 6 KO. wird dem Gemeinschuldner nur die Verwaltungs- und Verfügungsbefugnis an den Gegenständen der Konkursmasse entzogen. Vielmehr gibt die Konkurseröffnung gemäß § 3 KO. den Konkursgläubigern nur ein Recht auf **vorzugsweise Befriedigung** aus der Konkursmasse. Ein Recht auf vorzugsweise Befriedigung einer Forderung aus bestimmten Gegenständen des Schuldnervermögens ist ein Pfandrecht. Die Konkurseröffnung hat demnach ein Pfandrecht der Konkursgläubiger an der Konkursmasse zur

Folge[1]). Die Konkursforderungen sind demnach vom Zeitpunkt der Konkurseröffnung an durch ein Pfandrecht an den Gegenständen der Konkursmasse gesichert.

b) Masseforderungen. Die Konkurseröffnung hat nicht nur das Pfandrecht der Konkursgläubiger an der Konkursmasse zur Folge, sondern bedeutet gemäß §§ 6, 7 KO. für den Gemeinschuldner auch den Verlust der Verwaltungs- und Verfügungsbefugnis; das Verwaltungs- und Verfügungsrecht geht gemäß § 6 Abs. 2 KO. auf den Konkursverwalter über. Aufgabe des Konkursverwalters ist es, die Konkursmasse zu verwalten und zur Befriedigung der Konkursgläubiger zu verwerten. Er ist in dieser Stellung Vertreter der Konkursgläubigerschaft; alle Rechtshandlungen, die er auf Grund seines Verwaltungs- und Verfügungsrechts vornimmt, nimmt er als Vertreter der Gläubigerschaft vor[2]). Aus den Rechtsgeschäften, die er abschließt, wird daher die Gläubigerschaft berechtigt und verpflichtet. Wenn etwa der Konkursverwalter zum Zwecke der Verwertung der Konkursmasse für die Konkursgläubiger einen Gegenstand aus der Masse verkauft, so wird die Gläubigerschaft zur Lieferung dieses Gegenstandes an den Käufer verpflichtet und erhält einen Anspruch gegen den Käufer auf Zahlung des Kaufpreises. Oder wenn der Konkursverwalter zum Zwecke der Verwertung der Konkursmasse einen Gegenstand kauft, so wird die Gläubigerschaft, vertreten durch den Konkursverwalter, zur Zahlung des Kaufpreises verpflichtet. Jedoch haften für diesen Kaufanspruch gegen den Konkursverwalter als Vertreter der Gläubigerschaft nicht die Eigenvermögen der Konkursgläubiger, sondern die rechtlich zwar noch dem Gemeinschuldner gehörende, aber infolge der Konkurseröffnung und des Beschlagsrechts der Konkursgläubigerschaft bereits der letzteren verfallene Konkursmasse. Aus der Eigenschaft des Konkursverwalters als Vertreters der Gläubigerschaft ergibt sich also, daß diejenigen Forderungen, die aus Rechtsgeschäften des Konkursverwalters gegen die Masse entstehen, gegen die Gläubigerschaft als Schuldnerin gerichtet sind. Nach § 59 Nr. 1 KO. in Verbindung mit § 57 KO. sind sie aus der Konkursmasse vorweg zu berichtigen. Es erscheint erforder-

---

[1]) Die hier vertretene Ansicht, daß durch die Konkurseröffnung zugunsten der Konkursgläubigerschaft ein Beschlags- oder Pfandrecht an den Gegenständen der Konkursmasse entsteht, ist sehr bestritten. Eine nähere Begründung kann hier nicht gegeben werden. Es wird verwiesen auf Seuffert, Konkursprozeßrecht. S. 151 ff. Kohler, Lehrbuch. S. 99 und Hellmann, S. 625. A. A. insbes. Jäger, Komm. § 3 Anm. 48; Lang, S. 242, Motive, S. 15 f. und das Reichsgericht, vornehmlich Bd. 46, S. 16 f.

[2]) Seuffert S. 157, Hellmann S. 632; anders Jaeger § 6 Anm. 1 ff.

lich, außer denjenigen Forderungen an die Masse, die in § 59 Nr. 1 behandelt werden, auch die übrigen in §§ 57—60 den in § 59 Nr. 1 behandelten Forderungen an die Masse gleichgestellten „Massekosten und Masseschulden" als Forderungen an die Gläubigerschaft, vertreten durch den Konkursverwalter, anzusehen.

c) Nichtkonkursforderungen sind diejenigen Forderungen gegen den Gemeinschuldner, die nicht Konkursforderungen sind. Zu ihnen gehören insbesondere Forderungen, die erst nach Konkurseröffnung aus Rechtsgeschäften, die der Gemeinschuldner persönlich vorgenommen hat, entstanden sind; denn diese sind nach § 3 keine Konkursforderungen. Zu ihnen gehören ferner die Forderungen des § 63, die ebenfalls im Konkursverfahren nicht geltend gemacht werden können. Für die Nichtkonkursforderungen besteht das Pfandrecht an der Konkursmasse nicht; für sie kann daher in der Regel keine Befriedigung aus der Konkursmasse erlangt werden. Sie sind jedoch während des Konkursverfahrens insofern vor den Konkursforderungen begünstigt, als nach § 14 während der Dauer des Konkursverfahrens Arreste und Zwangsvollstreckungen einzelner Konkursgläubiger in das nicht zur Konkursmasse gehörende Vermögen, insbesondere also in das erst nach Konkurseröffnung erworbene Vermögen des Gemeinschuldners nicht stattfinden. W ä h r e n d des Konkurses haftet den Nichtkonkursgläubigern daher das konkursfreie Vermögen des Gemeinschuldners allein.

B. Die Forderungen, deren Rechtssubjekt der Gemeinschuldner ist oder deren Erfüllung zu seinem Vermögen verlangt werden kann, sind entweder konkursexigible Fordederungen oder Forderungen der Masse oder konkursfreie Forderungen des Gemeinschuldners.

a) Konkursexigible Forderungen sind diejenigen Forderungen des Gemeinschuldners, die bereits bei Konkurseröffnung zu seinen Gunsten bestanden haben und die nach dem bereits Besprochenen gemäß §§ 1 und 3 als Bestandteil seines Vermögens mit Konkurseröffnung von dem Konkurspfandrecht der Konkursgläubiger ergriffen werden. Gläubiger dieser Forderungen ist also auch nach Konkurseröffnung der Gemeinschuldner, jedoch sind diese Forderungen jetzt mit dem Pfandrecht der Konkursgläubigerschaft belastet.

b) Forderungen der Masse (Schulden an die Masse) sind solche Forderungen, die erst nach Konkurseröffnung zugunsten der Masse entstanden sind. Sie sind nicht Forderungen des Gemeinschuldners, sondern Forderungen der Konkursgläubigerschaft, vertreten durch den Konkursverwalter. Das erhellt wiederum daraus, daß zu den nach Konkurseröffnung entstandenen Forderungen der Masse auch diejenigen gehören, die aus Rechtsgeschäften des Konkursverwalters als Vertreters der Gläubigerschaft herrühren. Eine solche Forderung der Gläubigerschaft kommt z. B. dann zustande, wenn der Konkursverwalter einen Gegenstand der Masse verkauft und dem Käufer den Kaufpreis stundet.

Es sind daher nicht nur die sogenannten Massekosten und Masseschulden Schulden der Gläubigerschaft, sondern auch die nach Konkurseröffnung entstandenen „Schulden zur Masse“ Forderungen der Gläubigerschaft. Zu solchen „Schulden an die Masse“ gehören außer den aus Rechtsgeschäften des Konkursverwalters entstandenen Schulden etwa noch Verbindlichkeiten aus nach Konkurseröffnung begangenen unerlaubten Handlungen an Gegenständen der Konkursmasse, sowie Verbindlichkeiten, die bereits vor Konkurseröffnung an einen Dritten als Gläubiger geschuldet wurden und erst nach Konkurseröffnung etwa durch Abtretung des ursprünglichen Gläubigers an den Konkursverwalter zur Masse deren Bestandteile geworden sind.

Man könnte gegen die Auffassung, daß die nach Konkurseröffnung entstandenen „Schulden zur Masse“ der Konkursgläubigerschaft und nicht dem Gemeinschuldner geschuldet werden, einwenden, daß dann auch die nach Konkurseröffnung entstandenen Ansprüche wegen unerlaubter Handlungen, die an Gegenständen der Konkursmasse begangen worden sind, der Konkursgläubigerschaft zustehen müßten, obwohl durch die unerlaubten Handlungen das Eigentum des Gemeinschuldners verletzt worden sei. Dagegen ist folgendes zu sagen: es ist zwar zuzugeben, daß folgerichtig auch die Konkursgläubiger Ansprüche auf Schadensersatz wegen unerlaubter Handlungen an Gegenständen der Konkursmasse haben müssen. Aber das verstößt nicht gegen § 823 BGB. Zwar wird durch die betreffende unerlaubte Handlung das Eigentum des Gemeinschuldners verletzt und ihm ist dann ein Schadensersatzanspruch zuzubilligen, wenn ihm aus der Verletzung seines Eigentums ein Schaden erwächst. Durch die unerlaubte Handlung wird aber nicht nur das Eigentum des Gemeinschuldners, sondern auch das Pfandrecht der Konkursgläubigerschaft verletzt. Als dingliches Recht fällt es unter den Schutz von § 823 Absatz 1 BGB. Und durch die unerlaubte Handlung entsteht den Gläubigern zweifellos insofern ein Schaden, als dadurch die zur Befriedigung ihrer Forderungen dienende Konkursmasse beeinträchtigt wird. Es entspricht daher vollauf der Bestimmung des § 823 Abs. 1

BGB., daß der Konkursgläubigerschaft, vertreten durch den Konkursverwalter, ein Schadensersatzanspruch aus einer nach Konkurseröffnung an einem Gegenstande der Konkursmasse begangenen unerlaubten Handlung zusteht. Ebenso steht ja auch bei Beschädigung einer an einen Einzelnen verpfändeten Sache durch einen Dritten sowohl dem Eigentümer wegen Eigentumsverletzung als auch dem Pfandgläubiger wegen Pfandrechtsverletzung ein Schadensersatzanspruch aus § 823 Abs. 1 BGB. zu.

c) Konkursfreie Forderungen des Gemeinschuldners sind diejenigen dem Gemeinschuldner persönlich zustehenden Forderungen, die nicht in die Konkursmasse fallen. Es gehören zu ihnen vornehmlich die erst nach Konkurseröffnung zu seinen Gunsten entstandenen Forderungen, da diese nach § 1 nicht in die Konkursmasse fallen. So liegt eine konkursfreie Forderung etwa vor, wenn der Gemeinschuldner nach Konkurseröffnung einen Dritten (X) beerbt, der seinerseits eine Forderung gegen einen Vierten (Y) hat. Ferner gehören von den vor Konkurseröffnung entstandenen Forderungen zu ihnen nach § 1 KO. in Verbindung mit § 850 ZPO. die unpfändbaren Forderungen.

Zu 2.

Eine Forderung, deren Aufrechnung oder Konfusion im Konkurs in Frage kommen kann, kann entstanden sein

a) nach Konkurseröffnung,
b) vor Konkurseröffnung.

Zu 3.

Sie kann entstanden sein

a) in unanfechtbarer Weise,
b) als anfechtbare Forderung.

II. Von der ausschlaggebendsten Bedeutung für die Frage nach der Möglichkeit der Aufrechnung und Konfusion sind die Beziehungen der Forderungen zur Konkursmasse. Die verschiedene Stellung der Forderungen zur Konkursmasse wird daher den Grundriß geben bei der Behandlung sowohl der Aufrechnung als auch der Konfusion. Bei der Aufrechnung, wo es sich stets um zwei Forderungen, nämlich um eine Aktivforderung [1]) und eine Passivforderung [2]) handelt, wird von der verschiedenartigen Stellung

---

[1]) Forderung, mit der aufgerechnet werden soll.
[2]) Forderung, gegen die aufgerechnet werden soll.

der Aktivforderung[1]) zur Konkursmasse ausgegangen und dann bei jeder Art der Aktivforderung geprüft werden, ob sie gegen die verschiedenen Arten der Passivforderungen aufgerechnet werden kann.

III. An einem einfachen Beispiel kann die Mehrzahl der auftauchenden Fragen untersucht werden. Fast die sämtlichen zu behandelnden Fragen werden akut, wenn von folgenden 5 Personen nach Konkurseröffnung zwischen zweien ein Erbgang stattfindet:

1. der Gemeinschuldner (Cridar) (C),
2. ein Schuldner des Gemeinschuldners oder der Konkursgläubigerschaft (D),
3. ein Schuldner dieses Schuldners (E),
4. ein Gläubiger des Gemeinschuldners oder der Gläubigerschaft (B),
5. ein Gläubiger dieses Gläubigers (A).

Es ergibt sich also bei Konkurseröffnung folgende Kette von Rechtsbeziehungen[2])

A—B—C—D—E.

Jede dieser fünf Personen kann nach Konkurseröffnung von einer der 4 anderen beerbt werden. Es können also:

$$\frac{5!}{3!} = 20$$

Erbfälle eintreten, nämlich[3]):

1. A : B	11. B : D
2. B : A	12. D : B
3. A : C	13. B : E
4. C : A	14. E : B
5. A : D	15. C : D
6. D : A	16. D : C
7. A : E	17. C : E
8. E : A	18. E : C
9. B : C	19. D : E
10. C : B	20. E : D

Von diesen Fällen unterliegen folgende keinen rechtlichen Besonderheiten und scheiden daher vorläufig aus

---

[1]) Das ist in unserer Behandlung stets die Forderung gegen den Gemeinschuldner oder die Gläubigerschaft. Denn die Aufrechnung von seiten des Konkursverwalters oder des Gemeinschuldners unterliegt nur den Regeln des BGB.

[2]) Das Zeichen „—" bedeutet das Vorliegen eines Schuldverhältnisses zwischen zwei Personen. Der links dieses Zeichens befindliche Buchstabe bezeichnet den Gläubiger, der rechtsstehende den Schuldner.

[3]) Das Zeichen : bedeutet einen Erbfall; der links des Zeichens stehende Buchstabe bezeichnet den Erblasser, der rechtsstehende den Erben.

der Betrachtung aus: die 10 Fälle Nr. 1 und 2, Nr. 5—8, Nr. 13 und 14, sowie Nr. 19 und 20:

Denn wenn A und B oder wenn D und E sich beerben, so erlischt nach bürgerlichem Recht das zwischen ihnen bestehende Schuldverhältnis durch Konfusion.

Wenn A und D sich gegenseitig beerben, so werden Fragen der Aufrechnung und der Konfusion nicht praktisch. Die einzige Rechtsfolge ist, daß ihre Forderungen und Schulden vom jeweiligen Erblasser auf den Erben übergehen. Dasselbe gilt, wenn A und E oder B und E sich beerben.

Dagegen bieten die übrigen 10 Erbfälle zu Zweifeln Anlaß.

Wenn A den C oder C den A beerbt, fragt es sich, ob B seine Forderung an C gegen seine Schuld an A aufrechnen kann. Beerbt B den D, so kommt es darauf an, ob B seine Forderung an C gegen seine von D ererbte Schuld an C aufrechnen kann.

Beerbt umgekehrt D den B, so ist zu prüfen, ob D die von B auf ihn übergegangene Forderung an C gegen seine Schuld an diesen zur Aufrechnung stellen kann.

Beerben sich C und E, so entsteht die Frage, ob D zur Aufrechnung seiner Forderung an E gegen seine Schuld an C befugt ist.

Die übrigen Fälle gehören dem Rechte der Konfusion an. Es fragt sich, ob, wenn B und C oder C und D sich beerben, das zwischen ihnen bestehende Schuldverhältnis untergeht oder nicht. Es wird sich zeigen, daß die Beantwortung der aufgeworfenen Fragen eine verschiedene sein muß je nach der Art der Beziehung der Forderungen des B gegen C und des C gegen D zum Konkurse.

I. Kapitel.

Die Aufrechnung eines Konkursgläubigers gegen eine konkursexigible Forderung des Gemeinschuldners oder gegen eine Forderung der Gläubigerschaft.

§ 2.

Übersicht.

I. In den Vorschriften der Konkursordnung über die Aufrechnung (§§ 53 ff.) ist eine ausdrückliche Bestimmung darüber, wann ein Konkursgläubiger gegen eine bei Eröffnung des Verfahrens bereits bestehende und daher in der Regel gemäß § 1 zur Konkursmasse gehörende und dem Konkurspfandrecht der Konkursgläubiger unterliegende Forderung des Gemeinschuldners (konkursexigible Forderung) aufrechnen kann, nicht enthalten. Ebenso wenig werden ausdrücklich Fälle aufgezählt, wo es dem Konkursgläubiger gestattet ist, gegen solche Forderungen aufzurechnen, die erst nach Konkurseröffnung zugunsten der Masse entstanden sind und daher nicht Forderungen des Gemeinschuldners, sondern Forderungen der Konkursgläubigerschaft, vertreten durch den Konkursverwalter, sind. Es ist lediglich in § 55 bestimmt worden, wann ein Konkursgläubiger **nicht** zur Aufrechnung befugt ist. Daraus ist dann durch Gegenteilsschluß zu entnehmen, daß die Aufrechnung in den übrigen Fällen zulässig ist, sofern nur die Voraussetzungen der §§ 387 ff. BGB. gegeben sind[1]). Es ist daher mit den in § 55 KO. behandelten Fällen zu beginnen.

Der Vereinfachung halber wird in diesem Kapitel die Aufrechnung der Konkursgläubiger gegen beide Arten von „Schulden an die Masse", sowohl gegen diejenigen, deren Rechtsträger der Gemeinschuldner ist (konkursexigible Forderungen), als auch gegen diejenigen, welche der Konkursgläubigerschaft zustehen („Schulden an die Masse" im engeren Sinne), behandelt werden.

II. Für die Beantwortung der im vorliegenden Kapitel zu erörternden Fragen kommt es wesentlich darauf an, in welchem Zeitpunkt Aktiv- und Passivforderung erworben worden sind. Es sind folgende 4 Fälle denkbar:

1. Die Aktivforderung ist nach und die Passivforderung vor Konkurseröffnung erworben worben.
2. Die Aktivforderung ist vor und die Passivforderung nach Konkurseröffnung erworben worden.
3. Beide Forderungen sind nach Konkurseröffnung erworben worden.
4. Beide Forderungen sind vor Konkurseröffnung erworben worden.

§ 3.

Erwerb der Aktivforderung nach und der Passivforderung vor Konkurseröffnung.

I. Wenn die zur Konkursmasse zu erfüllende Schuld bereits bei Eröffnung des Konkursverfahrens bestanden hat,

---

[1]) Da in der vorliegenden Arbeit nur die **Beschränkungen** der Aufrechnung untersucht werden, so bedarf es einer Behandlung des § 54 KO. nicht.

so ist sie in der Regel auch nach Konkurseröffnung nicht eine „Schuld an die Masse" in jenem engeren Sinne, daß ihre Gläubigerin die Gesamtheit der Konkursgläubiger ist. Denn die Konkursordnung bewirkt nicht die Rechtsnachfolge der Konkursgläubigerschaft in die Konkursmasse, sondern beläßt diese dem Gemeinschuldner zu Eigentum. Die Gläubigerschaft erwirbt lediglich ein Pfandrecht an ihr. Vor Konkurseröffnung bereits bestehende Schulden an den Gemeinschuldner können daher auch nach Eröffnung des Verfahrens in der Regel nicht Schulden an die Gläubigerschaft sein. Es handelt sich daher in diesem Paragraphen vornehmlich um solche Passivforderungen, deren Rechtsträger auch nach Konkurseröffnung der Gemeinschuldner ist[1]).

II. Der Fall, daß jemand vor Konkurseröffnung Schuldner einer nachher in die Konkursmasse fallenden Forderung des Gemeinschuldners geworden ist und nach Eröffnung des Verfahrens eine Konkursforderung erworben hat, kann am erschöpfendsten an Hand einer der oben in § 1 unter III angeführten Erbfälle behandelt werden und zwar an dem Beispiel Nr. 11. Es soll angenommen werden, daß ein Schuldner des Gemeinschuldners (D), dessen Schuld zur Konkursmasse, also zum konkursexigiblen Vermögen des Gemeinschuldners (C) gehört, nach Konkurseröffnung einen Konkursgläubiger (B) beerbt.

III. Dem Wortlaut nach ist der § 55 Nr. 2, Fall 2 KO. gegeben: D war vor Eröffnung des Verfahrens dem Gemeinschuldner etwas schuldig und hat nach Eröffnung eine Forderung an ihn erworben, die vor der Eröffnung für einen anderen Gläubiger, nämlich B, entstanden war. Es würde also nach dem Wortlaut der Ziffer 2 des § 55 KO. dem D die Aufrechnung versagt sein. Für die Frage, ob unser Fall auch dem Sinne nach dieser Bestimmung unterliegt, kommt es darauf an, ob es billig ist, daß die Auf-

---

[1]) Nur in dem Fall verwandelt sich eine vor Konkurseröffnung an den Gemeinschuldner zu zahlende Schuld mit Eröffnung des Verfahrens in eine Schuld an die Gläubigerschaft, wenn sie aus einem gegenseitigen Vertrage herrührt, der bei Konkurseröffnung noch von keiner Seite vollständig erfüllt worden war und wenn der Konkursverwalter gemäß § 17 KO. trotz des ausgebrochenen Konkurses auf Erfüllung des Vertrages besteht. Man kann hier sowohl von einer vor Konkurseröffnung entstandenen Schuld an den Gemeinschuldner als von einer nach Konkurseröffnung zugunsten der Masse, d. h. der Gläubigerschaft entstandenen Schuld sprechen. Da die Behandlung dieses Falles sich in nichts von derjenigen der übrigen nach Konkurseröffnung entstandenen Schulden zur Masse unterscheidet, so bleibt ihre Betrachtung im Zusammenhang mit den übrigen nach Konkurseröffnung entstandenen „Schulden zur Masse" dem folgenden Paragraphen vorbehalten. (Vgl. unten § 4 III, insbesondere 3, S. 24).

rechnung hier unzulässig ist und aus welchem Grunde der Gesetzgeber die Regelung des § 55 Nr. 2, Fall 2 gewählt hat.

III. 1. Zunächst scheint es, als hätte der Gesetzgeber die Aufrechnung in dem hier vorliegenden Falle, daß jemand vor Konkurseröffnung dem Gemeinschuldner etwas schuldig war und nach Konkurseröffnung eine Forderung an ihn erworben hat, die bereits vor Eröffnung für einen anderen Gläubiger entstanden war, vornehmlich dann ausschließen wollen, wenn es sich nicht um einen Erwerb der Konkursforderung im Wege der Erbfolge, sondern der Einzelnachfolge, insbesondere der Abtretung handelt.

Um das zu verdeutlichen, soll einmal angenommen werden, die Vorschrift des § 55 Nr. 2. KO. bestände nicht: wenn dann jemand etwa Gläubiger einer Konkursforderung von 1000 gegen den Gemeinschuldner wäre und infolge der geringen Aktivmasse nur eine sehr kleine Konkursdividende — vielleicht von 20 % — zu erwarten hätte, so würde er sehr gut tun, seine Forderung an einen Schuldner des Gemeinschuldners, dessen Schuld zur Konkursmasse gehörte, für mehr als 200 abzutreten.

Wenn der Konkursgläubiger nur 200 als Konkursdividende zu erwarten hätte, so würde es für ihn immer noch vorteilhaft sein, wenn er seine Konkursforderung für 800 an einen Schuldner des Gemeinschuldners, dessen Schuld etwa 1000 beträgt, abträte. Er würde 600 gewinnen. Ebenso würde der Schuldner des Gemeinschuldners einen unverdienten Gewinn machen. Er würde — wirtschaftlich gesprochen — seine Schuld zur Konkursmasse in Höhe von 1000 mit 800 tilgen. Denn er würde bei Zulässigkeit der Aufrechnung die ihm von dem ehemaligen Konkursgläubiger für 800 abgetretene Konkursforderung von 1000 gegen seine Schuld zur Masse von 1000 aufrechnen können. Gläubiger und Schuldner des Gemeinschuldners würden auf Kosten der Konkursmasse, d. h. auf Kosten der Gesamtheit der Konkursgläubiger, einen ungerechtfertigten Gewinn machen. Die Gesamtheit der übrigen Konkursgläubiger wäre durch die Ausnutzung der nach Konkurseröffnung von jenen willkürlich hergestellten Aufrechnungslage um 800 geschädigt. Denn bei einer zu erwartenden Dividende von 20 % würde ohne die Abtretung und Aufrechnung für die Forderung ein Betrag von 200 aus der Konkursmasse zu zahlen sein, während der Schuldner den Betrag von 1000 an die Masse zu zahlen hätte.

Daß der Gesetzgeber daher die Aufrechnung hier ausschließt, erscheint recht und billig zu sein. Zu berücksichtigen ist auch, daß wahrscheinlich bei Zulässigkeit der Aufrechnung nicht nur einige Konkursgläubiger ihre Forderungen an Schuldner des Gemeinschuldners abtreten würden, sondern daß ein Wettrennen sämtlicher Konkursgläubiger einsetzen würde, um ihre Forderungen an Schuldner zur Konkursmasse abzutreten. Sie würden sich beim Verkauf der Forderungen an letztere gegenseitig mit ihren Preisforderungen unterbieten und auf diese Weise versuchen, einander den Rang abzulaufen. Ein solches Verfahren würde dem Zweck des Konkursverfahrens, der gemeinschaftlichen Befriedigung sämtlicher Konkursgläubiger zu dienen, zuwiderlaufen. Es ist daher nur billig, daß der Gesetzgeber hier die Aufrechnung ausschließt.

2. Anders scheint es bei dem Übergang der Konkursforderung nicht durch Abtretung, sondern durch Erbgang zu sein. Warum soll der Schuldner des Gemeinschuldners, der nach Konkurseröffnung eine Konkursforderung durch Erbgang erwirbt, nicht aufrechnen können? Bei ihm fallen die eben erwähnten Bedenken weg, die in dem Falle der Einzelrechtsnachfolge gegen die Zulassung der Aufrechnung sprechen. Wenn das Gesetz, wie unten noch näher zu behandeln ist, die Aufrechnung zuläßt in dem Falle, wo das Recht zur Aufrechnung bereits vor Konkurseröffnung bestanden hat, warum soll es hier entfallen? Der Grund für die Gestattung der Aufrechnung in jenem Fall liegt doch auch hier vor: Es erscheint unbillig, wenn jemand, der eine Forderung und eine Schuld in gleicher Höhe gegen den Gemeinschuldner hat, die Schuld in voller Höhe zahlen muß; während er für seine Forderung nur zu einem Bruchteil Befriedigung erhält, es sei denn, daß er die Forderung oder die Schuld erst nach Konkurseröffnung eigens zu dem Zweck erworben hat, um sich auf Kosten der übrigen Konkursgläubiger volle Deckung zu verschaffen. Gewiß: der Schuldner, der nach Konkurseröffnung durch Erbgang Konkursgläubiger wird, würde besser gestellt als die übrigen Konkursgläubiger; denn er hätte dadurch, daß er zufällig gleichzeitig Drittschuldner [1]) ist, die Möglichkeit, nicht nur prozentuale sondern, soweit sich Forderung und Schuld decken, volle Befriedigung zu erlangen. Aber ebenso günstig sind auch alle diejenigen daran, die bereits vor Konkurseröffnung ein Aufrechnungsrecht hatten. Auch diese Gläubiger haben dadurch, daß sie zufällig gleichzeitig Drittschuldner sind, die Möglichkeit, vor ihren Mitgläubigern, die nicht zugleich Drittschuldner sind, dadurch volle

---

[1]) Der Ausdruck „Drittschuldner" soll stets den Schuldner einer konkursexigiblen Forderung des Gemeinschuldners bezeichnen.

Befriedigung zu erlangen, daß sie sich an ein Vermögensstück des Gemeinschuldners, nämlich an dessen Forderung gegen sie selbst, halten können.

IV. Dennoch wird man, dem Wortlaut des § 55 Nr. 2 KO. getreu, auch demjenigen Drittschuldner die Aufrechnung versagen müssen, der nach Konkurseröffnung eine Konkursforderung durch Erbgang erwirbt.

Denn die Bestimmung des § 55 Nr. 2, Fall 2 KO. ist nicht lediglich als positive Vorschrift aufzufassen, die nur dem Zweck dient, eine frivole Ausplünderung der Konkursmasse durch Abtretung von Konkursforderungen an Schuldner des Gemeinschuldners zu verhüten. Sie ist vielmehr die logische Folge des Einflusses der Konkurseröffnung auf die materiellen Rechtsverhältnisse der am Konkurs Beteiligten. Es ist bereits oben davon die Rede gewesen, daß infolge der Konkurseröffnung die gesamte Konkursmasse und damit auch die zu ihr gehörenden Forderungen des Gemeinschuldners zugunsten der Konkursgläubigerschaft beschlagnahmt werden. Die Konkursgläubigerschaft erwirbt an der Konkursmasse ein Konkurspfandrecht in derselben Weise, wie der die Einzelzwangsvollstreckung betreibende Gläubiger durch die Beschlagnahme einer Forderung des Vollstreckungsschuldners an dieser ein Pfändungspfandrecht erwirbt.

Ist das aber richtig, so ergibt sich, daß in § 55 Nr. 2 KO. nur wiederholt wird, was bereits in § 392 BGB. enthalten ist: „Der Schuldner einer beschlagnahmten Passivforderung kann mit seiner Aktivforderung nicht aufrechnen, wenn er diese erst nach der Beschlagnahme erworben hat."

Wie aber nach § 392 BGB. der Schuldner einer im Wege der Einzelzwangsvollstreckung beschlagnahmten Forderung weder aufrechnen kann, wenn er seine Aktivforderung durch Abtretung noch, wenn er sie durch Erbfolge nach der Beschlagnahme erworben hat, so ist auch im Konkurse der Schuldner des Gemeinschuldners nicht nur dann nicht zur Aufrechnung mit einer erst nach Konkurseröffnung erworbenen Konkursforderung berechtigt, wenn er diese durch Abtretung erworben hat; sondern auch in dem Falle, wenn er die Konkursforderung durch Erbfolge erworben hat, muß ihm die Aufrechnung versagt sein [1]). Das dem § 55 Nr. 2 KO. zugrunde liegende Prinzip ist das nämliche wie das des § 392 BGB.: die Aufrechnung gegen beschlagnahmte Forderungen mit erst nach der Beschlagnahme erworbenen

[1]) So auch die h. M., insbes. Motive S. 236; Lang S. 260; Wilmowski § 55 Anm. 5; Jaeger § 55 Anm. 9; a. M. de lege ferenda: von Völderndorff. S. 584.

Gegenforderungen zugunsten des aus der Beschlagnahme Berechtigten zu verhüten[1]).

V. Man könnte gegen die Richtigkeit des Satzes, daß § 55 Nr. 2 KO. dem § 392 BGB. gegenüber keine selbständige Bedeutung hat, einwenden, dann sei nicht zu verstehen, weshalb es dieser Bestimmung überhaupt erst bedurfte. Es darf jedoch nicht übersehen werden, daß bei Schaffung der Konkursordnung das Bürgerliche Gesetzbuch noch nicht vorlag und daß daher auch nicht in ganz Deutschland die Bestimmung galt, daß man gegen beschlagnahmte Forderungen mit nach der Beschlagnahme erworbenen Gegenforderungen nicht aufrechnen könne. Außerdem standen die Verfasser der Konkursordnung nicht auf dem hier vertretenen Standpunkt, daß die Eröffnung des Konkursverfahrens die Beschlagnahme der Konkursmasse zugunsten der Gläubigerschaft zur Folge habe[2]). M. E. muß jedoch, selbst wer das mit Konkurseröffnung entstehende Beschlagnahmerecht der Gläubigerschaft leugnet, zugeben, daß dem § 55 Nr. 2 KO. derselbe Gedanke zugrunde liegt, wie dem § 392 BGB.: Es soll verhindert werden, daß durch eine Aufrechnung gegen eine Forderung, an der gewisse Personen ein Recht auf vorzugsweise Befriedigung haben, die Befriedigung dieser Personen aus dieser Forderung vereitelt werde.

VI. Aber auch abgesehen von diesen rechtlichen Gesichtspunkten erscheint die Subsumierung des vorliegenden Falles unter § 55 KO. durchaus gerechtfertigt.

1. Zwar ist zuzugeben, daß es für den Erben eine Härte ist, seine Schuld von 1000 voll zur Masse einzuzahlen, während er für seine Konkursforderung in gleicher Höhe bei einer Konkursdividende von 20 % nur 200 erhält. Aber andererseits bedeutete die umgekehrte Lösung wieder eine unbillige Härte für die übrigen Konkursgläubiger. Es ist nicht einzusehen, warum durch den Zufall, daß einer ihrer Mitkonkursgläubiger von einem Drittschuldner beerbt wird, ihnen ein Vermögensstück der Konkursmasse zur Befriedigung ihrer Forderungen vorenthalten werden soll.

2. Auch folgender Umstand spricht überzeugend gegen die Zulässigkeit der Aufrechnung. Angenommen: der auf den D übergegangene Nachlaß des B ist überschuldet, und es ist daher der Nachlaßkonkurs eröffnet worden: in diesem Falle wäre es auch ohne die Anwendung des § 55 Nr. 2 KO. dem D unmöglich, die von B nach Eröffnung des Konkurses

---

[1]) Ebenso: Seuffert S. 230; Kohler, Leitfaden S. 90.
[2]) Vgl. Motive S. 15 ff.

über das Vermögen des C ererbte Konkursforderung gegen seine zur Konkursmasse zu erfüllende Schuld (C—D) aufzurechnen. Das ergibt sich schon daraus, daß nach Eröffnung des Nachlaßkonkurses die Verwaltungs- und Verfügungsbefugnis nicht ihm, sondern dem Nachlaßkonkursverwalter zusteht und er daher auch nicht über die Nachlaßforderung gegen C dadurch, daß er sie zur Aufrechnung stellt, verfügen kann. Die Aufrechnung im Falle des Nachlaßkonkurses ist aber auch deshalb unzulässig, weil sie dem im Nachlaßkonkurs geltenden Grundsatz der separatio bonorum zuwiderläuft. Kraft dieses Grundsatzes haftet während des Nachlaßkonkurses den Nachlaßgläubigern nur der Nachlaß und den Eigengläubigern nur das Eigenvermögen des Erben. Würde der Erbe aber gegen seine zur Konkursmasse des C gehörige Eigenschuld die Nachlaßforderung gegen C aufrechnen können, so würde das insofern dem Grundsatz der separatio bonorum zuwiderlaufen, als ein Vermögensstück des Nachlasses, nämlich die ererbte Forderung gegen C, nicht zur Befriedigung der Nachlaßgläubiger verwandt würde, sondern zur Erfüllung einer Privatschuld des Erben. Es ergibt sich also, mag man den § 55 Nr. 2 KO. auslegen wie man will, daß D jedenfalls dann nicht zur Aufrechnung befugt ist, wenn über den von B ererbten Nachlaß wegen Überschuldung der Nachlaßkonkurs eröffnet worden ist. Zweifellos wäre es ein merkwürdiges Ergebnis, wenn die Möglichkeit des D, auf Kosten der übrigen Konkursgläubiger volle Deckung für die von B ererbte Konkursforderung zu bekommen, davon abhinge, ob über den Nachlaß des B der Nachlaßkonkurs eröffnet worden ist oder nicht. Es wäre widersinnig, wenn die übrigen Konkursgläubiger um der vollen Befriedigung des D willen zwar dann geschädigt würden, wenn der Nachlaß des B nicht überschuldet ist, jedoch dann keine Einbuße erlitten, wenn wegen Überschuldung des Nachlasses der Nachlaßkonkurs eröffnet worden ist. Gerade der Hinweis auf den Nachlaßkonkurs dient dazu, die sonderbaren Ergebnisse aufzudecken, die die Zulässigkeit der Aufrechnung in dem hier behandelten Fall zeitigen würde.

§ 4.

Erwerb der Aktivforderung vor und der Passivforderung nach Konkurseröffnung.

I. Jemand hat vor der Eröffnung des Konkursverfahrens eine Konkursforderung an den Gemeinschuldner und nach Eröffnung eine Schuld erworben, die er zur Konkursmasse zu zahlen hat. Als Beispiel dient der Erbfall Nr. 12, wo ein Konkursgläubiger (B) nach Konkurseröffnung einen Schuldner zur Konkursmasse (D) beerbt. Es fragt sich, ob B, wenn der Konkursverwalter ihn auf Zahlung der von D ererbten Schuld belangt, seine Konkursforderung zur Aufrechnung stellen kann und sich am Konkursverfahren nicht zu beteiligen braucht, oder ob gemäß § 55 Nr. 1 KO. die Aufrechnung unzulässig ist.

Die Untersuchung hat sich in diesem Falle nicht nur darauf zu erstrecken, ob § 55 Nr. 1 KO. dem Sinne nach anzuwenden ist, sondern auch darauf, ob überhaupt der Wortlaut dieses Paragraphen auf unseren Fall zutrifft.

Was die letztere Frage anlangt, so ist zweifellos die Forderung des B eine Forderung, die dieser vor Eröffnung des Verfahrens an den Gemeinschuldner erworben hat. Zweifelhaft ist nur, ob er die von D ererbte Schuld „nach Eröffnung des Verfahrens zur Masse schuldig geworden ist." Was bedeutet der Ausdruck „zur Masse schuldig"?

II. 1. Es ist bereits oben ausgeführt worden, daß mit Konkurseröffnung eine Sonderung des Vermögens des Gemeinschuldners mit Beziehung auf die Haftung für die Gläubiger insofern eintritt, als dasjenige Vermögen, das ihm schon vor Konkurseröffnung gehörte (Konkursmasse), der vorzugsweisen Befriedigung derjenigen Gläubiger dient, die bereits bei Konkurseröffnung einen Vermögensanspruch an den Gemeinschuldner hatten und daß daher diese Konkursgläubiger ein Beschlags- oder Pfandrecht an der Konkursmasse erwerben. Selbstverständlich besteht diese Konkursmasse zu einem großen Teil nicht aus Sachwerten oder barem Geld, sondern aus noch ihrer Befriedigung harrenden Forderungen.

Die Schuldner dieser Forderungen sind letztere daher an sich „zur Masse" schuldig, d. h. es kann ihre Erfüllung von dem Konkursverwalter, dem Verwalter der „Masse" verlangt werden und die zum Zwecke der Erfüllung hingegebenen Werte werden nunmehr Bestandteile desjenigen Vermögens des Gemeinschuldners, das ausschließlich und restlos zur gemeinschaftlichen Befriedigung der Konkursgläubiger dient.

2. Es fragt sich jedoch, ob der Ausdruck „zur Masse schuldig" in diesem Sinne zu verstehen ist. Es können ja auch nach Eröffnung des Konkursverfahrens noch „Schulden zur Masse" entstehen. Zwar ist dies nicht möglich durch Rechtsgeschäfte des Gemeinschuldners; denn alles, was dieser persönlich nach Eröffnung des Konkursverfahrens erwirbt, also auch Forderungen, fällt nicht in die Konkurs-

masse. Wohl aber könnten z. B. durch Rechtsgeschäfte des Konkursverwalters, die auf die Masse Bezug haben, noch Schulden an die Masse entstehen, z. B. wenn dieser, wie es wohl in jedem Konkurse vorkommt, Sachen aus der Konkursmasse veräußert und dem Käufer den Kaufpreis stundet. In der Literatur werden insbesondere als ebenfalls nach Konkurseröffnung entstandene Schulden zur Masse aufgeführt: unerlaubte Handlungen an Gegenständen der Konkursmasse sowie Verbindlichkeiten, die bereits vor Konkurseröffnung an einen Dritten als Gläubiger geschuldet wurden und erst nach Eröffnung des Verfahrens etwa durch Abtretung des ursprünglichen Gläubigers an den Konkursverwalter zur Masse deren Bestandteile geworden sind[1]).

Daß die „Schulden zur Masse" in vor und nach Konkurseröffnung entstandene zu scheiden sind, ergibt sich, wie oben bereits ausgeführt ist, vornehmlich aus folgendem: Gläubiger der vor Konkurseröffnung entstandenen „Schulden zur Masse" ist der Gemeinschuldner; er bleibt es auch nach Konkurseröffnung, da diese nicht den Übergang der Forderungen des Gemeinschuldners auf die Konkursgläubiger bewirkt, sondern letzteren nur ein Pfandrecht verschafft. Dagegen ist Gläubiger der erst nach Konkurseröffnung entstandenen „Schulden zur Masse" nicht der Gemeinschuldner, sondern die Gesamtheit der Konkursgläubiger. Das erhellt, worauf ebenfalls bereits hingewiesen wurde, insbesondere daraus, daß unstreitig zu den nach Konkurseröffnung entstandenen „Schulden zur Masse" diejenigen gehören, die aus Rechtsgeschäften des Konkursverwalters entstanden sind. Und da der Konkursverwalter Vertreter der Gläubigerschaft ist, so muß aus den in seiner Eigenschaft als Konkursverwalter vorgenommenen Rechtsgeschäften die Gläubigerschaft berechtigt und verpflichtet werden[2]).

III. Nachdem somit sich bei den „Schulden zur Masse" ein deutlicher Unterschied insofern ergibt, als die vor Konkurseröffnung entstandenen an den Gemeinschuldner, die nach Konkurseröffnung entstandenen an die Gläubigerschaft geschuldet werden, ist zu prüfen, ob § 55 Nr. 1 KO. für beide Arten gilt. Zwar ist in § 55 Nr. 1 lediglich von Gläubigern die Rede, welche „nach der Eröffnung etwas zur Masse schuldig geworden" sind. Aber wie unser Beispiel (vgl. oben § 1 III, Erbfall Nr. 12) zeigt, kann auch nach Eröffnung des Verfahrens jemand eine vor Konkurseröffnung entstandene Schuld „zur Masse" (im weiteren Sinne)

---

[1]) Vgl. oben § 1, I, 1, B b (S. 3).
[2]) Vgl. Seuffert, S. 232.

schuldig werden, wenn nämlich diese bereits vor Konkurseröffnung ein anderer Schuldner schuldete.

1. § 55 Nr. 1 KO. trifft zweifellos diejenigen „Schulden zur Masse", die erst nach Konkurseröffnung für diese entstanden sind und daher der Gläubigerschaft zustehen. Denn daß diese Schulden nicht gegen Konkursforderungen aufgerechnet werden können, ist schon die Folge des im § 387 BGB. ausgesprochenen Erfordernisses der Gegenseitigkeit der aufzurechnenden Forderungen[1]).

2. Anders sind diejenigen Schulden zur Masse geartet, die zwar schon vor Konkurseröffnung zu deren Gunsten bestanden, die aber erst nachher — durch Beerbung — einen Konkursgläubiger zum Schuldner bekommen haben.

a) Hier liegt Gegenseitigkeit vor; denn die Forderung des B gegen C bleibt trotz der Konkurseröffnung gegen den letzteren gerichtet und wird nicht mit diesem Augenblick kraft Gesetzes zu einer Schuld der Gesamtheit der Konkursgläubiger; die ursprünglich gegen D gerichtete Forderung des C gegen B ist durch die Konkurseröffnung auch nicht auf die Gläubigerschaft übergegangen; sie ist vielmehr nur als Bestandteil der Konkursmasse zugunsten der Gläubigerschaft „beschlagnahmt" worden, d. h. diese hat ein Pfandrecht an ihr erworben in derselben Weise, wie der im Wege der Einzelvollstreckung vorgehende Gläubiger gemäß § 804 ZPO. ein Pfandrecht an den zu seiner Befriedigung dienenden gepfändeten Gegenständen erwirbt.

b) Die Tatsache der Beschlagnahme der Passivforderung drängt die Frage auf: wie steht es mit dem Schuldner der im Wege der Einzelvollstreckung durch Pfändungsbeschluß beschlagnahmten Forderung (dem Drittschuldner)? Kann er, wenn er gleichzeitig Gläubiger einer Forderung gegen den Vollstreckungsschuldner ist, diese Forderung gegen die beschlagnahmte Forderung aufrechnen?

aa) Die Frage der Aufrechnung gegen im Wege der Einzelvollstreckung beschlagnahmte Forderungen ist, wie bereits im vorhergehenden Paragraphen ausgeführt worden ist, in § 392 BGB. geregelt. Danach kann der Schuldner (D) der beschlagnahmten Forderung nur dann nicht mit einer ihm gegen seinen Gläubiger zustehenden Forderung aufrechnen, wenn letztere erst nach der Beschlagnahme von ihm erworben worden oder erst nach der Beschlagnahme und später als die in Beschlag genommene Forderung fällig geworden ist. Es ist mithin nach dem Wortlaut des § 392 BGB. bei der Einzelzwangsvollstreckung dem Drittschuldner

[1]) Vgl. Seuffert S. 232, Kohler, Lehrbuch, S. 125.

die Aufrechnung regelmäßig dann nicht versagt, wenn er bei Zustellung des Pfändungsbeschlusses bereits Gläubiger einer fälligen Forderung gegen den Vollstreckungsschuldner gewesen ist ohne Rücksicht darauf, in welchem Zeitpunkt — vor oder nach der Beschlagnahme — er Schuldner der beschlagnahmten Forderung geworden ist.

Es fragt sich jedoch, ob nicht § 392 BGB. in entsprechender Anwendung auch für den Fall zu gelten hat, in dem zwar der Drittschuldner bereits vor der Beschlagnahme Gläubiger einer fälligen Forderung gegen den Vollstreckungsschuldner gewesen ist, aber erst nach der Beschlagnahme — etwa durch Beerbung — Drittschuldner geworden ist. Nehmen wir folgendes Beispiel: Gegeben sind folgende Personen:

1. der Vollstreckungsgläubiger (G),
2. der Vollstreckungsschuldner (S),
3. der Drittschuldner (D),
4. ein weiterer Gläubiger des Vollstreckungsschuldners (X).

Wie ist die Rechtslage, wenn X nach der Beschlagnahme der Forderung des S gegen D durch G den D beerbt? Kann X seine Forderung an S gegen seine von D ererbte Schuld an S aufrechnen? Nach dem Wortlaut des § 392 ist er dazu imstande; denn er war bereits zur Zeit der Beschlagnahme im Besitz einer fälligen Forderung gegen S. Es fragt sich jedoch, ob nicht der Sinn des § 392 weiter zu fassen ist. Muß er nicht dahin ausgelegt werden, daß die Aufrechnung gegen beschlagnahmte Forderungen stets dann unzulässig ist, wenn die Aufrechnungsmöglichkeit zur Zeit der Beschlagnahme noch nicht bestanden hat? In diesem Falle würde X nicht aufrechnen können, da zur Zeit der Beschlagnahme für ihn eine Aufrechnungsmöglichkeit mangels Bestehens einer Schuld seinerseits an S noch gar nicht vorlag. Und folgt nicht die analoge Anwendbarkeit des § 392 für diesen Fall insbesondere aus der erst später angefügten zweiten Alternative des § 392, wonach auch dann die Aufrechnung unzulässig sein soll, wenn die Aktivforderung zwar schon vor der Beschlagnahme erworben, aber erst nach der Beschlagnahme und später als die in Beschlag genommene Forderung fällig geworden ist? Ergibt sich aus dieser zweiten Alternative nicht, daß es unter anderem Aufgabe des § 392 ist, zu verhindern, daß nachträglich — d. h. nach der Beschlagnahme — noch neue Aufrechnungsrechte entstehen?

Das ist abzulehnen. Auch aus der zweiten Alternative des § 392 kann nicht darauf geschlossen werden, daß diese

Bestimmung nach der Beschlagnahme keine neuen Aufrechnungsbefugnisse mehr entstehen lassen wolle. Wenn man das annehmen wollte, dann hätte diese zweite Alternative anders gefaßt werden müssen; denn nach ihrer tatsächlichen Fassung im BGB. sind Fälle denkbar, wo auch nachträglich noch Aufrechnungsmöglichkeiten entstehen: nämlich dann, wenn die beschlagnahmefreie Gegenforderung zwar erst nach der Beschlagnahme, aber schon früher als die beschlagnahmte Hauptforderung fällig wird. In diesem Falle läßt also § 392 auch nach der Beschlagnahme ausdrücklich noch ein Aufrechnungsrecht für X entstehen; denn da nach § 387 in Verbindung mit § 271 BGB. Fälligkeit der Gegenforderung Voraussetzung der Aufrechnung ist, so konnte X vor der Beschlagnahme noch nicht aufrechnen. Daraus folgt, daß § 392 nicht den Zweck haben kann, das nachträgliche Entstehen einer Aufrechnungsmöglichkeit für den Schuldner der beschlagnahmten Forderung in jedem Falle zu vereiteln.

Gegen eine Aufrechnung des X mit seiner Forderung gegen den Vollstreckungsschuldner (S) läßt sich auch nicht der Gesichtspunkt ins Feld führen, daß es offenbar unbillig wäre, wenn der Gläubiger ohne Vollstreckungstitel (X) noch nach der Beschlagnahme dem Gläubiger mit Vollstreckungstitel und mit Pfändungspfandrecht (G) vorgezogen werde, obwohl X zur Zeit der Beschlagnahme noch gar keine Sicherung seiner Forderung — weder einen Vollstreckungstitel noch ein Pfandrecht noch eine Aufrechnungsbefugnis — gehabt habe. Genau so wird ja kraft ausdrücklicher Gesetzesvorschrift der zur Zeit der Beschlagnahme einer betagten Forderung im Besitz einer betagten Gegenforderung gegen den Vollstreckungsschuldner befindliche Drittschuldner dann dem Vollstreckungsgläubiger vorgezogen, wenn die Forderung des Drittschuldners nach der Beschlagnahme, aber vor der Forderung des Vollstreckungsschuldners fällig wird. Auch in diesem Falle wird ein zur Zeit der Beschlagnahme noch in keiner Weise gesicherter Gläubiger besser gestellt als der mit Vollstreckungstitel und Pfändungspfandrecht ausgerüstete Vollstreckungsgläubiger. Denn wenn auch der Drittschuldner zur Zeit der Beschlagnahme gewissermaßen schon eine Anwartschaft auf den Erwerb des Aufrechnungsrechtes hatte, so steht doch diese als augenblickliches Sicherungsmittel weit hinter dem Vollstreckungstitel und dem Pfandrecht des Vollstreckungsgläubigers zurück.

Es besteht auch kaum ein praktisches Bedürfnis, dem X die Aufrechnung seiner von D ererbten Forderung zu versagen. In dem umgekehrten Falle, wo nicht die Schuld des Drittschuldners nach der Beschlagnahme auf einen Gläubiger des Vollstreckungsschuldners übergeht, sondern umgekehrt der Drittschuldner nach der Beschlagnahme eine Forderung gegen den Vollstreckungsschuldner erwirbt, war es aus Billigkeitsgründen erforderlich, eine die Aufrechnung ausschließende Regelung im § 392 BGB. zu treffen; denn anderenfalls könnte der Vollstreckungsgläubiger mutwillig um den Erfolg seiner Pfändung dadurch gebracht werden, daß ein anderer Gläubiger des Vollstreckungsschuldners seine Forderung dem Drittschuldner abträte und letzterer dann diese Forderung gegen die beschlagnahmte Forderung aufrechnete. Daß der Gesetzgeber dem durch die Versagung der Aufrechnung gemäß § 392 einen Riegel vorschiebt, erscheint daher notwendig. Anders ist es jedoch in dem Falle, wo nach der Beschlagnahme die Schuld des Drittschuldners auf einen Gläubiger des Vollstreckungsschuldners übergeht. Hier kann nämlich — abgesehen von dem seltenen Fall der Erbfolge — ohne den Willen des Vollstreckungsgläubigers die Schuld des Drittschuldners gar nicht auf den anderen Gläubiger des Vollstreckungsschuldners übergehen. Denn eine Schuldübernahme erfordert nach §§ 414, 415 BGB. stets eine Mitwirkung des Gläubigers, hier also des Vollstreckungsschuldners S. Diese Mitwirkung des Vollstreckungsschuldners ist aber eine Verfügung über seine Forderung[1]; einer solchen Verfügung hat er sich nach § 829 ZPO. zu enthalten, und eine dennoch von ihm in dieser Weise erfolgte Verfügung über die Forderung ist nach § 135 BGB. dem Vollstreckungsgläubiger gegenüber unwirksam. Eine künstliche Herstellung einer Aufrechnungsmöglichkeit seitens der Beteiligten durch Übernahme der Drittschuld von einem Gläubiger des Vollstreckungsschuldners wird schon durch die §§ 414, 415, 135 BGB. in Verbindung mit § 829 ZPO. ausgeschlossen. Hier bedarf es also des Schutzes des Vollstreckungsgläubigers nicht, wie in dem umgekehrten Falle, wo eine Aufrechnungsmöglichkeit von den Interessierten dadurch hergestellt werden konnte, daß ein Gläubiger des Vollstreckungsschuldners seine Forderung an den Drittschuldner abtrat. Es erscheint daher als durchaus vom Gesetzgeber in § 392 BGB. beabsichtigt, nur bei dem nachträglichen Erwerb einer Forderung an den Vollstreckungsschuldner von seiten des Drittschuldners die Aufrechnungsmöglichkeit zu versagen. Ein nachträglicher Erwerb der gepfändeten Schuld durch einen Gläubiger

---

[1] Vgl. Planck-Siber S. 592; von Gierke S. 54.

des Vollstreckungsschuldners ist ohne den Willen des Vollstreckungsgläubigers ja nur durch Universalsukzession möglich, und dieser seltene Fall rechtfertigt einen besonderen Ausschluß des Aufrechnungsrechtes nicht.

Bestärkt wird dieses Ergebnis noch durch folgendes: Man war sich bei der Abfassung des Bürgerlichen Gesetzbuches des Umstandes bewußt, daß durch die Fassung des § 392 gar nicht in allen Fällen, in denen nach der Beschlagnahme sich beschlagnahmte Forderung und Forderung des Drittschuldners gegenübertreten, die Aufrechnung ausgeschlossen wird. Denn nach den Protokollen der Kommission für die zweite Lesung des Bürgerlichen Gesetzbuchs[1]) lautete ein später allerdings wieder fallen gelassener Unterantrag, dem damaligen § 286, jetzigen § 392 unter Streichung seiner heutigen zweiten Alternative folgende Fassung zu geben: „Die Beschlagnahme einer Forderung schließt die Befugnis des Schuldners zur Aufrechnung gegenüber demjenigen, für welchen die Beschlagnahme erfolgt ist, nicht aus, es sei denn, daß zur Zeit der Beschlagnahme dem Schuldner die Aufrechnung nicht möglich war." Wenn man also das Entstehen jeglicher Aufrechnungsmöglichkeit nach der Beschlagnahme ausschließen wollte, so wäre nichts leichter gewesen, als dem § 392 auch diese oder eine ähnliche einfache Fassung zu geben.

Ein praktisches Bedürfnis nach einer erweiterten Anwendung des § 392 BGB. scheint auch in der Rechtsprechung nicht vorzuliegen. Ein Fall wie der oben behandelte (ein Gläubiger des Vollstreckungsschuldners beerbt nach der Beschlagnahme den Drittschuldner) hat der Rechtsprechung der obersten Gerichte bisher offenbar noch nicht vorgelegen, und auch in der Literatur hat er anscheinend bisher noch keine Beachtung gefunden.

Das Ergebnis ist also: daß, wenn der Drittschuldner nach der Beschlagnahme von einem anderen Gläubiger des Vollstreckungsschuldners (nicht von dem Vollstreckungsgläubiger) beerbt wird, dieser Erbe seine Forderung an den Vollstreckungsschuldner gegen die beschlagnahmte Forderung aufrechnen kann.

bb) Nach diesem Exkurs in das Gebiet der Einzelzwangsvollstreckung kehren wir in das Gebiet des Konkursrechts zurück. Dasselbe wie in dem eben behandelten Falle des Einzelzwangsvollstreckungsrechts muß in dem entsprechenden Falle des Konkursrechts gelten, wenn ein Konkursgläubiger (B) nach Konkurseröffnung den Schuldner (D) einer

---

[1]) Vgl. Protokolle I, S. 373.

konkursexigiblen Forderung des Gemeinschuldners (C) beerbt. Die hier nicht zugunsten eines Einzelgläubigers, sondern zugunsten der Konkursgläubigerschaft gepfändete Schuld des Drittschuldners (D) an den Gemeinschuldner (C) ist nach der Pfändung auf den Konkursgläubiger (B) durch Erbfolge übergegangen. Warum soll hier, wo es sich nicht um Einzel-, sondern um Gesamtvollstreckung handelt, der B, der bereits vor der Beschlagnahme eine Forderung gegen den Vollstreckungsschuldner C besessen hat, nicht diese Forderung gegen die erst nach der Beschlagnahme auf ihn übergegangene Schuld des D an C aufrechnen können? Es würde der Rechtslogik widersprechen, wenn man dem Drittschuldner die Aufrechnung mit einer vor der Beschlagnahme erworbenen Forderung im Falle der Einzelvollstreckung gestatten, dagegen im Falle der Gesamtvollstreckung versagen wollte.

Sowohl dieses Argument als auch die Tatsache, daß Gegenseitigkeit der Forderungen vorliegt, beweisen, daß B aufrechnen kann, wenn er nach Konkurseröffnung den D beerbt. „Nach der Eröffnung zur Masse schuldig geworden" im Sinne des § 55 Nr. 1 KO. sind nur diejenigen Personen, gegen die eine erst nach Eröffnung des Konkursverfahrens zugunsten der Masse entstandene Forderung, also eine Forderung der Konkursgläubigerschaft, besteht.

Daß der Gesetzgeber nur solche Schulden als „Schulden zur Masse" angesehen wissen will, geht insbesondere auch daraus hervor, daß er sich in § 55 Nr. 1 KO. dahin ausdrückt: Jemand hat vor oder nach der Eröffnung des Verfahrens eine Forderung an den G e m e i n s c h u l d n e r erworben und ist nach der Eröffnung etwas z u r M a s s e schuldig geworden.

Abgesehen davon besteht auch kein dringendes Bedürfnis für den Ausschluß der Aufrechnung, wenn der Konkursgläubiger B nach Konkurseröffnung den Drittschuldner D beerbt; denn hier kann nicht, wie im Falle des § 55 Nr. 2 KO.[1]) gegen das Interesse der Gläubigerschaft künstlich die Aufrechnungslage hergestellt werden. Dort war dies dadurch möglich, daß Gläubiger des Gemeinschuldners nach Konkurseröffnung ihre Forderungen an dessen Schuldner abtraten. Dagegen ist es unmöglich, daß Schuldner des Gemeinschuldners ohne den Willen des Konkursverwalters als des Vertreters der Gläubigerschaft nach Konkurseröffnung ihre Schulden auf Konkursgläubiger übertragen; denn

---

[1]) Vgl. oben § 3 III.

dazu bedarf es gemäß §§ 414, 415 BGB., § 6 KO. stets der Mitwirkung des Konkursverwalters [1]).

Es ergibt sich also, daß ein Konkursgläubiger, der eine Forderung bereits vor Konkurseröffnung erworben hat und nach Konkurseröffnung eine Schuld an die Konkursmasse erwirbt, seine Konkursforderung gegen die Schuld zwar dann gemäß § 55 Nr. 1 KO. nicht aufrechnen kann, wenn diese Schuld erst nach Konkurseröffnung für die Konkursmasse entstanden ist, daß ihm aber die Aufrechnung gestattet sein muß, wenn die „Schuld zur Masse“ schon vor Konkurseröffnung zugunsten des Gemeinschuldners bestanden, sich aber erst nach Konkurseröffnung — durch Beerbung — gegen den Gemeinschuldner gerichtet hat [2]).

Von den meisten Schriftstellern wird der Fall, daß ein Konkursgläubiger nach Eröffnung des Verfahrens eine schon vorher zu Lasten eines Dritten bestehende Schuld an den Gemeinschuldner erwirbt, nicht ausdrücklich erwähnt. Soweit sie jedoch der Auffassung sind, daß in § 55 KO. das Erfordernis der Gegenseitigkeit (§ 387 BGB.) derartig verschärft werde, daß diese bereits im Augenblick der Konkurseröffnung vorhanden sein müsse [3]), müssen sie notwendig zu dem Ergebnis der Unzulässigkeit der Aufrechnung kommen, da bei Konkurseröffnung Gegenseitigkeit noch nicht vorlag.

Wer die Einschränkungen des Aufrechnungsrechts der Konkursgläubiger gemäß § 55 KO. als die Folge der mit Konkurseröffnung eintretenden „par condicio creditorum“ ansieht [4]), muß die Aufrechnung hier ebenfalls für unzulässig halten. Denn zweifellos erlangt B durch die Tatsache, daß er einen Schuldner des Gemeinschuldners nach Konkurseröffnung beerbt, eine bevorzugte Stellung vor den übrigen Konkursgläubigern, wenn die Aufrechnung zulässig ist.

Schließlich würde auch die Konstruktion des Aufrechnungsrechts als Pfandrecht an der eigenen Schuld [5]) zum Ausschluß der Aufrechnung führen; denn da nach § 15 KO. nach Konkurseröffnung Rechte an Gegenständen der Konkursmasse nicht mit Wirksamkeit gegenüber den Konkursgläubigern erworben werden können, so könnte auch ein Konkursgläubiger nach Konkurseröffnung nicht das Recht

---

[1]) Vgl. dazu auch den oben unter aa) behandelten Fall der Einzelzwangsvollstreckung.

[2]) Desgl. Hellmann, S. 188, anscheinend auch Endemann S. 204.

[3]) Vgl. Jaeger § 55 Anm. 1; Oetker, Grundbegriffe S. 241.

[4]) Lang S. 235.

[5]) Weigelin, Das Recht zur Aufrechnung als Pfandrecht an der eigenen Schuld, 1904.

erwerben, seine Forderung gegen eine zur Konkursmasse zu erfüllende Schuld aufzurechnen.

cc) Mit Rücksicht auf den eben sowie im vorhergehenden Paragraphen gezogenen Vergleich zwischen § 392 BGB. einerseits und § 55 Nr. 1 und 2 KO. andererseits erscheint ein Hinweis auf einen Unterschied in dem Aufrechnungsrecht des § 392 BGB. und dem des § 55 KO. angebracht. Während die erste die Aufrechnung ausschließende Alternative des § 392 BGB. ihre Parallele in § 55 Nr. 2 KO. hat, findet die zweite Alternative „wenn seine Forderung erst nach der Beschlagnahme und später als die in Beschlag genommene Forderung fällig geworden ist", kein Seitenstück in der Konkursordnung. Dadurch, daß vielmehr in § 54 KO. die Aufrechnung betagter Forderungen von Konkursgläubigern gegen konkursexigible Forderungen des Gemeinschuldners gestattet wird, gilt für den Konkurs nicht der Satz, daß die Aufrechnung des Schuldners einer beschlagnahmten Forderung mit einer erst nach der Beschlagnahme und später als die in Beschlag genommene Forderung fällig gewordenen Gegenforderung unzulässig ist. § 54 KO. bedeutet daher für den Konkurs eine Außerkraftsetzung der zweiten Alternative des § 392 BGB.

3. Ein interessanter Fall der Anwendung des § 55 Nr. 1 KO. ist der, daß ein Konkursgläubiger gleichzeitig Schuldner aus einem vor Konkurseröffnung mit dem Gemeinschuldner abgeschlossenen gegenseitigen Vertrage ist, der bei Eröffnung des Verfahrens noch von keiner Seite vollständig erfüllt worden war. Es hat z. B. ein Darlehnsgläubiger vom Gemeinschuldner etwas gekauft, und es ist bei Konkurseröffnung weder bereits Lieferung der Ware noch Zahlung des Kaufpreises erfolgt. Es fragt sich, ob der Konkursgläubiger gegen die Forderung des Konkursverwalters auf den Kaufpreis aufrechnen kann,

a) bevor der Konkursverwalter erklärt hat, ob er auf Vertragserfüllung bestehe,

b) nachdem der Konkursverwalter erklärt hat, auf Vertragserfüllung bestehen zu wollen.

Hier stehen sich zwar vor Konkurseröffnung Forderung und Schuld aufrechenbar gegenüber, und diese Tatsache hat bewirkt, daß von den meisten hier auch im Konkurs die Aufrechnung sowohl vor als auch nach Ausübung des Wahlrechts durch den Konkursverwalter für zulässig gehalten wird [1]).

---

[1]) Vgl. Lang S. 257, 259 ff.; Hellmann S. 189; Jaeger § 55 Anm. 5, OLG. 27, S. 254, OLG. Nürnberg in Seuff. Blättern f. Rechtsanwendung Bd. 71, S. 609. Wie hier im Ergebnis Petersen-Kleinfeller § 55 Anm. 9.

Lang S. 254, 259 und Jaeger a. a. O. schließen die Zulässigkeit der Aufrechnung außerdem noch aus § 54 KO. Ihrer Ansicht nach stellt sich die schon vor Konkurseröffnung entstandene Schuld des Vertragsgegners vom Augenblick der Konkurseröffnung an als eine durch das Erfüllungsbegehren des Verwalters bedingte Schuld zur Masse dar und fällt daher unter § 54 KO. „In allen Fällen aber, in denen die Erweiterungen des § 54 KO. Platz greifen, ist für § 55 kein Raum. Wo die Passivforderung sich als eine bei Konkurseröffnung gesetzlich betagte oder aufschiebend bedingte darstellt, kann sie nie Schuld zur Masse nach § 55 Nr. 1 KO. sein.“ (Lang S. 259). „Die durch die konstitutive Wirkung der Konkurseröffnung neu geschaffenen Aufrechnungsrechte können durch die Einschränkungen des § 55 nicht berührt werden; denn sonst gäbe die Konkursordnung auf der einen Seite die Möglichkeit einer erweiterten Aufrechnung, um sich auf der anderen Seite durch Subsumtion dieser Fälle unter § 55 selbst zu widersprechen.“ (Lang, S. 144.)

Allein es ist nicht richtig, daß hier die Erweiterungen des § 54 KO. Platz griffen. Wie aus dem Wortlaut des Gesetzes hervorgeht, „daß z. Z. der Eröffnung des Verfahrens die aufzurechnenden Forderungen oder eine von ihnen noch betagt oder noch bedingt war“[1]), fallen unter § 54 KO. lediglich solche Forderungen, die bereits vor Konkurseröffnung nur als bedingt wirksame entstanden waren. Im vorliegenden Falle aber besteht die Schuld des Vertragsgegners vor Konkurseröffnung als fällig und ungehemmt; erst durch die Konkurseröffnung verliert sie ihre Fälligkeit.

Aber vornehmlich auch deshalb findet § 54 KO. keine Anwendung, weil die Forderung gegen den Vertragsgegner nicht einmal in der Zeit zwischen Konkurseröffnung und Wahlrechtsausübung des Verwalters eine bedingt wirksame ist. Der Anspruch des Gemeinschuldners verwandelt sich vielmehr mit Konkurseröffnung in einen verhaltenen Anspruch der Gläubigerschaft[2]). In einen ver-

---

[1]) Die Fassung des § 54 KO. ist schief; denn § 387 BGB. schließt nur die Aufrechnung mit einer betagten Forderung, nicht auch die Aufrechnung gegen eine betagte Forderung aus. Folglich ist § 54 so zu lesen: „Daß zur Zeit der Eröffnung des Verfahrens die aufzurechnenden Forderungen oder eine von ihnen noch bedingt war, oder daß die Forderung des Gläubigers noch betagt oder nicht auf einen Geldbetrag gerichtet war.“

[2]) Vgl. Langheineken, Der verhaltene Anspruch, 1912 (i. d. Festgabe d. Halleschen Fakultät f. v. Brünneck), S. 32 ff., Anspruch und Einrede, S. 101 ff., Planck-Siber S. 160.

haltenen Anspruch wandelt er sich deshalb um, weil der Konkursverwalter gemäß § 17 KO. unbeschränkt „Erfüllung von dem anderen Teile verlangen kann", während dieser nicht berechtigt ist, seinerseits wider den Willen des Verwalters die geschuldete Leistung zu bewirken.

Der Anspruch gegen den Vertragsgegner ist daher zwar nicht fällig, aber auch nicht gehemmt: seine Aktualität hängt lediglich von der Erklärung des Konkursverwalters als des Vertreters der Gläubigerschaft ab. Daß sich der Anspruch des Gemeinschuldners mit Konkurseröffnung in einen (verhaltenen) Anspruch der Gläubigerschaft und nicht des Gemeinschuldners umwandelt, ergibt sich aus § 59 Nr. 2 KO.; denn wenn dieser Bestimmung gemäß die Ansprüche gegen den Gemeinschuldner aus gegenseitigen Verträgen, deren Erfüllung zur Konkursmasse verlangt wird, zu Masseansprüchen, d. h. zu Ansprüchen der Gläubigerschaft werden, so müssen sich folgerichtig auch die Ansprüche des Gemeinschuldners in Ansprüche der „Masse" im engeren Sinne, d. h. in Ansprüche der Gläubigerschaft umwandeln. Nach Konkurseröffnung wird also aus der Schuld an den Gemeinschuldner eine Schuld an die „Masse" im Sinne des § 55 Nr. 1 KO.

Hat sich also herausgestellt, daß sich der Anspruch aus dem gegenseitigen Vertrage des Gemeinschuldners im Augenblick der Konkurseröffnung in einen verhaltenen Anspruch der Gläubigerschaft und aus diesem im Augenblick der Erklärung des Konkursverwalters, auf Vertragserfüllung bestehen zu wollen, in einen fälligen Anspruch der Gläubigerschaft umwandelt, so ist die Frage der Zulässigkeit oder Unzulässigkeit der Aufrechnung nunmehr leicht zu lösen: Die Aufrechnung ist sowohl vor als auch nach Ausübung des Wahlrechts durch den Konkursverwalter unzulässig, weil mangelnde Gegenseitigkeit vorliegt. Die Konkursforderung des Vertragsgegners (in unserem Beispiel seine Darlehnsforderung) ist auch nach Konkurseröffnung noch gegen den Gemeinschuldner gerichtet; die Förderung gegen ihn aus dem Kaufvertrag auf Kaufpreiszahlung dagegen hat sich mit Konkurseröffnung in eine Forderung der Gläubigerschaft umgewandelt. Es gelten § 387 BGB. und insbesondere § 55 Nr. 1 KO.: Der Vertragsgegner hatte vor Konkurseröffnung eine (Darlehns-)Forderung an den Gemeinschuldner erworben und war nach der Eröffnung etwas (nämlich den Kaufpreis) zur Masse (im engeren Sinne) d. h. der Gläubigerschaft schuldig geworden.

Für die Zeit zwischen Konkurseröffnung und Wahlrechtsausübung des Konkursverwalters ergibt sich die Unzulässigkeit der Aufrechnung außerdem noch aus der Tatsache, daß in dieser Zeit der Anspruch gegen den Vertragsgegner des Gemeinschuldners ein verhaltener Anspruch ist; denn gegen verhaltene Ansprüche kann nicht aufgerechnet werden[1]). Das folgt aus § 387 BGB., wonach die Aufrechnung von einander gegenüberstehenden Forderungen nur statthaft ist, wenn der Aufrechnende die ihm gebührende Leistung bewirken kann. Die Eigentümlichkeit des verhaltenen Anspruchs besteht aber gerade darin, daß der Schuldner vor dem Verlangen des Gläubigers zur Bewirkung der ihm obliegenden Leistung nicht berechtigt ist[2]).

§ 5.

Erwerb der Aktiv- und der Passivforderung nach Konkurseröffnung.

Für die Frage, ob jemand zur Aufrechnung befugt ist, der nach Konkurseröffnung — durch Abtretung oder Beerbung — Konkursgläubiger und ebenfalls nach Konkurseröffnung eine Schuld erworben hat, deren Erfüllung der Konkursverwalter zur Konkursmasse verlangen kann, ist es ebenfalls von Bedeutung, welcher Art die „Schuld zur Masse" ist.

I. Handelt es sich um eine erst nach Konkurseröffnung zugunsten der Masse entstandene Schuld oder mit anderen Worten um eine Forderung der Gläubigerschaft — etwa aus einem Rechtsgeschäft des Konkursverwalters als deren Vertreter —, so kann der Konkursgläubiger nicht aufrechnen. Das ergibt sich aus § 55 Nr. 1 Fall 2 KO. in Verbindung mit § 387 BGB. und dem oben in § 4 Ausgeführten. Es fehlt den einander gegenüber stehenden Forderungen die Gegenseitigkeit. Die Aktivforderung ist gegen den Gemeinschuldner gerichtet, während die Passivforderung der Gläubigerschaft zusteht.

II. Bestand die Schuld bereits bei Konkurseröffnung zugunsten des Gemeinschuldners, war sie aber noch nicht

---

[1]) Auch im Konkurse nicht, vgl. Langheineken, Der verhaltene Anspruch S. 55 und den dort auf S. 49 ff. behandelten im Konkurse der Leipziger Bank praktisch gewordenen Rechtsfall: Ein Konkursgläubiger hatte sich — vor Konkurseröffnung — für einen Schuldner der Leipziger Bank verbürgt und wollte dem Konkursverwalter die Aufrechnung seiner Konkursforderung gegen die Bürgschaftsschuld aufzwingen. Eine solche Aufrechnung ist jedoch unzulässig, weil der Anspruch gegen den Bürgen ein verhaltener Anspruch ist. A. M. RG., Bd. 53, S. 403 ff.

[2]) Vgl. Langheineken, Der verhaltene Anspruch, S. 40; Planck-Siber S. 526.

gegen den jetzigen Konkursgläubiger, sondern gegen eine andere Person — etwa gegen den Erblasser des jetzigen Konkursgläubigers — gerichtet, so gilt § 55 Nr. 1 Fall 2 KO. nicht. Denn wie bereits oben in § 4 ausgeführt worden ist, sind unter „Schulden zur Masse“ im Sinne dieser Vorschrift nur die erst nach Konkurseröffnung entstandenen zur Konkursmasse zu zahlenden Schulden anzusprechen.

Auch § 55 Nr. 2 KO. trifft nicht zu; denn der Konkursgläubiger ist erst nach Konkurseröffnung dem Gemeinschuldner etwas schuldig geworden.

Dennoch ist die Aufrechnung hier unzulässig. Das ergibt sich aus § 392 BGB. Da der Konkursgläubiger die Aktivforderung erst nach Konkurseröffnung erworben hat, so hat er sie erst nach der Beschlagnahme der Passivforderung erworben. Er kann daher gegen letztere nicht mit seiner Konkursforderung aufrechnen.

III. Es ist jedoch zugunsten des Konkursgläubigers in einem Falle eine Ausnahme zu machen. Zur Veranschaulichung dieses Falles dient wiederum ein Beispiel aus den Erbfällen oben in § 1 III. Angenommen, B beerbt nach Konkurseröffnung den D, so würde, wenn B Konkursgläubiger ist und die Forderung gegen D bereits bei Konkurseröffnung zugunsten des C bestanden hat, B zur Aufrechnung seiner Konkursforderung gegen seine von D ererbte Schuld berechtigt sein (vgl. oben § 4). Stirbt jetzt B, ohne das Aufrechnungsrecht ausgeübt zu haben, und wird er von einem Schuldner des D namens E beerbt, so geht durch den Erbfall — abgesehen davon, daß die Forderung des D gegen E, die erst nach dem ersten Erbfall auf B übergegangen war, durch Konfusion erlischt — sowohl die Konkursforderung des B als auch seine aus dem Nachlaß des D ererbte, zur Konkursmasse zu erfüllende Schuld auf E über. Wollte man § 392 BGB. streng wörtlich auslegen, so müßte dem E die Aufrechnung versagt sein; denn er hat die Aktivforderung erst nach der Beschlagnahme der Passivforderung erworben. Allein dieses Ergebnis ist unbefriedigend: es wäre unbillig, wenn der Erbfall der Konkursgläubigerschaft den unerwarteten Vorteil einbrächte, daß die Aufrechnungsmöglichkeit entfiele. Auch ist die Auffassung, daß § 392 BGB. hier nicht anwendbar ist, juristisch haltbar: mit der Forderung und Schuld vererbt sich auch das Recht zur Aufrechnung von B auf E; infolgedessen kann E aufrechnen.

§ 6.
Erwerb der Aktiv- und der Passivforderung vor Konkurseröffnung.

I. Für die Frage, ob ein Konkursgläubiger, dessen Forderung bereits vor Konkurseröffnung bestanden hat, gegen eine ebenfalls vor Konkurseröffnung gegen ihn entstandene zur Konkursmasse zu erfüllende Forderung aufrechnen kann, kommen, was die Passivseite anlangt, fast nur solche Forderungen in Betracht, deren Rechtsträger der Gemeinschuldner ist. Denn die Gläubigerschaft kann nur Rechtssubjekt von nach Konkurseröffnung zugunsten der Masse entstandenen Forderungen sein [1]).

II. Die einzige in den Bestimmungen der Konkursordnung über die Aufrechnung (§§ 53 ff. KO.) enthaltene einschlägige Vorschrift, die die Aufrechnung für unzulässig erklärt, ist die des § 55 Nr. 3 KO. Sie ist daher nunmehr zu behandeln.

1. Sie entspricht insofern der des § 55 Nr. 2 KO., als auch sie zunächst voraussetzt, daß jemand vor Eröffnung des Verfahrens dem Gemeinschuldner etwas schuldig geworden ist, daß also eine mit dem Konkurspfandrecht belastete Forderung des Gemeinschuldners besteht. Während aber in § 55 Nr. 2 weiter vorausgesetzt wird, daß der Schuldner des Gemeinschuldners erst nach Konkurseröffnung eine Forderung an diesen erworben hat, trifft § 55 Nr. 3 KO. nur dann zu, wenn der Schuldner des Gemeinschuldners seine Forderung gegen diesen ebenfalls vor der Konkurseröffnung — aber erst nach der Entstehung der Schuld an den Gemeinschuldner [2]) — erworben hat. § 55 Nr. 3 KO. schließt ferner die Aufrechnung nur dann aus, wenn die Forderung an den Gemeinschuldner auf eine bestimmte Art und Weise, nämlich entweder durch ein Rechtsgeschäft mit diesem oder durch Rechtsabtretung oder Befriedigung eines Gläubigers erworben worden ist und wenn dem Erwerber zur Zeit des Erwerbes der Forderung bekannt war, daß der Gemeinschuldner seine Zahlungen eingestellt hatte oder daß die Eröffnung des Verfahrens beantragt war. Dagegen läßt Absatz 2 des § 55 Nr. 3 KO. die Aufrechnung wieder zu, wenn der Forderungserwerber zur Übernahme der Forderung oder zur Befriedigung des Gläubigers verpflichtet war und zu der Zeit, als er die Verpflichtung einging, weder von der Zahlungseinstellung noch von dem Eröffnungsantrage Kenntnis hatte.

---

[1]) Vgl. jedoch oben § 3, I Anm. 1 und § 4 III, 3.
[2]) Vgl. Jaeger § 55 Anm. 14, Lang S. 270 ff.

2. Es ist zu prüfen, ob die Bestimmung des § 55 Nr. 3 KO. in ähnlicher Weise wie die Vorschriften in § 55 Nr. 1 und 2 KO. nur etwas ausspricht, was im Grunde schon nach den Regeln des Bürgerlichen Gesetzbuchs gerechtfertigt erscheint.

Wie insbesondere aus den Ausführungen der Motive[1]) hervorgeht, ist der gesetzgeberische Grund der Vorschrift des § 55 Nr. 3 KO. daß der Erwerb der Forderung an den Gemeinschuldner von seiten eines Schuldners desselben in kritischer Zeit bei Zulässigkeit der Aufrechnung zumeist eine Verringerung der Konkursmasse und damit eine Schädigung der Konkursgläubigerschaft zugunsten eines einzelnen Konkursgläubigers bedeuten würde und daß „die schlimmsten Mißbräuche dadurch freigegeben würden."

a) Es würden bei Zulässigkeit der Aufrechnung einzelne Gläubiger, die von der Zahlungseinstellung oder dem Eröffnungsantrage Kenntnis haben und die nur eine sehr geringe Konkursdividende zu erwarten haben, sich dadurch auf Kosten der Gesamtgläubigerschaft eine bedeutend höhere als die im Konkursverfahren zu erwartende Deckung verschaffen können, daß sie, noch bevor es zur Eröffnung des Verfahrens kommt, ihre Forderungen zu einem Betrage, der geringer als deren Nennwert, aber höher als die im Konkursverfahren zu erwartende Deckung ist, an Schuldner des Gemeinschuldners abtreten. Auch diese Schuldner hätten bei Zulässigkeit der Aufrechnung einen Vorteil; sie würden durch Aufrechnung bei Gleichheit von Forderung und Schuld ihre Schuld an den Gemeinschuldner — wirtschaftlich gesprochen — zu einem geringeren als dem Nennwert an den Konkursverwalter begleichen können, nämlich zu dem Betrage, zu dem sie die Forderung gegen den Gemeinschuldner erworben haben.

b) Ebenso könnten ein einzelner Konkursgläubiger und ein Schuldner des Gemeinschuldners, die Kenntnis von dessen kritischer Lage haben, zugunsten des Konkursgläubigers die Masse dadurch schädigen, daß vereinbarungsgemäß der Drittschuldner den Konkursgläubiger befriedigt in einem Falle, wo sich an diese Befriedigung kraft Gesetzes der Übergang der Konkursforderung auf den Drittschuldner anschließt, z. B. im Falle von § 268 BGB.

c) Ferner könnte ein Drittschuldner, der die kritische Lage des Gemeinschuldners kennt, dadurch auf Kosten der Gesamtgläubigerschaft einen unbilligen Vorteil erlangen, daß er durch ein Rechtsgeschäft mit dem Gemeinschuldner

---

[1]) Motive, S. 236, 237.

eine Forderung gegen diesen erwirbt. Durch den Erwerb dieser Forderung würde er sich — ohne die Vorschrift des § 55 Nr. 3 KO. — ein Aufrechnungsrecht verschaffen und würde, obwohl er an sich Konkursgläubiger geworden ist, dennoch volle Deckung erlangen können.

3. a) Die Art und Weise, wie in allen diesen Fällen der Drittschuldner die Forderung gegen den Gemeinschuldner erworben hat, gibt zu der Frage Anlaß, ob nicht die Aufrechnung schon deshalb unzulässig ist, weil das Rechtsgeschäft, auf Grund dessen die Forderung des Drittschuldners gegen den Gemeinschuldner entsteht, gemäß §§ 29 ff. KO. der Anfechtung unterliegt [1]. Denn wenn in der Tat die betreffenden Rechtsgeschäfte anfechtbar sein sollten, dann wäre die Bestimmung des § 55 Nr. 3 KO. nicht nur, wie Lang [2] offenbar annimmt, deshalb bedeutungslos, weil die Möglichkeit der in ihrem Erfolg viel weiter als die Unzulässigkeitserklärung der Aufrechnung wirkenden Anfechtung das Verbot der Aufrechnung überflüssig machen würde, sondern es wäre die Bestimmung des § 55 Nr. 3 KO. auch zum Zwecke des Ausschlusses der Aufrechnung nicht erforderlich. Denn wenn sämtliche im § 55 Nr. 3 KO. aufgeführten Rechtsakte, auf Grund deren der Drittschuldner eine Forderung gegen den Gemeinschuldner in Kenntnis der drohenden Konkurseröffnung erwirbt, anfechtbar wären, dann würde den aus diesen Rechtsakten gegen den Gemeinschuldner erworbenen Forderungen nach § 41 Abs. 2 KO. die Einrede des Anfechtungsanspruchs (Anfechtungseinrede) entgegenstehen, und eine Aufrechnung dieser Forderungen würde schon gemäß § 390 BGB. unzulässig sein.

Jedoch ist nur in einer kleinen Anzahl von Fällen die Aufrechnung schon gemäß § 390 BGB. in Verbindung mit § 41 Abs. 2 KO. unzulässig und damit die Bestimmung des § 55 Nr. 3 KO. überflüssig. Nur dann nämlich, wenn der Drittschuldner in Kenntnis der Krisis mit dem späteren Gemeinschuldner ein Rechtsgeschäft abschließt, durch welches die Konkursgläubiger unmittelbar benachteiligt werden und durch welches er eine Forderung gegen den Gemeinschuldner erwirbt, treffen sowohl die §§ 29 ff. (hier § 30 Nr. 1

---

[1] Selbstverständlich könnte höchstens das Rechtsgeschäft, aus dem die zur Aufrechnung zu benutzende Forderung entstanden ist selbst und niemals die Aufrechnungserklärung angefochten werden. Denn § 55 Nr. 3 KO. bezieht sich nur auf eine Aufrechnung während des Konkursverfahrens, während — abgesehen von dem Falle des § 42 KO. — gemäß § 29 KO. nur vor Eröffnung des Konkursverfahrens vorgenommene Rechtshandlungen anfechtbar sind (vgl. auch unten 4).

[2] Lang S. 270.

Fall 1) als auch § 55 Nr. 3 KO. zu[1]). Es ist insbesondere von Lang richtig erkannt worden, daß man, wenn es sich um ein Rechtsgeschäft zwischen dem Gemeinschuldner und dessen Schuldner in kritischer Zeit handelt, aus dem die Forderung des letzteren entsteht, zu unterscheiden hat, ob eine Benachteiligung der Konkursgläubiger schon durch das Rechtsgeschäft selbst oder erst durch die Aufrechnung eintritt und daß im letzteren Falle allein § 55 Nr. 3 KO. und nicht schon § 390 BGB. in Verb. mit § 41 Abs. 2 KO. die Aufrechnung ausschließt[2]).

Unzureichend ist jedoch die Antwort Langs darauf, weshalb der Fall der einzige ist, wo die §§ 30 und 55 Nr. 3 KO. konkurrieren können. Es ist von Lang[3]) nämlich die Frage der Konkurrenz von § 30 Nr. 1 Fall 2 und dem zweiten und dritten Fall des § 55 Nr. 3 zum Gegenstand eingehender Untersuchung gemacht worden. Lang kommt zu dem richtigen Ergebnis, daß eine solche Konkurrenz niemals vorliegen könne, auf folgendem Wege:

Gemäß § 30 Nr. 1, Fall 2 KO. könnten nur Rechtshandlungen angefochten werden, die einem Konkursgläubiger Sicherung oder Befriedigung gewährten. Wenn es sich um eine Sicherung durch Verschaffung des Aufrechnungsrechts handele, müßten daher immer Fälle in Frage kommen, wo jemand beim Eintritt der kritischen Zeit bereits Gläubiger des Gemeinschuldners gewesen und erst in kritischer Zeit Schuldner geworden sei. § 55 Nr. 3 KO. treffe aber gerade für den umgekehrten Fall eine Regelung, nämlich wenn es sich darum handele, daß jemand, der vor der Krisis bereits Schuldner des Gemeinschuldners gewesen, während derselben erst Konkursgläubiger geworden sei.

Jedoch kann diese Beweisführung nicht genügen. Denn wie an einem Beispiel gezeigt werden soll, scheint es dennoch Fälle zu geben, die sowohl unter § 30 Nr. 1, Fall 2 KO. als auch unter § 55 Nr. 3 KO. fallen:

Angenommen, es besteht vor Eintritt der kritischen Zeit eine Forderung eines Gläubigers B an den nachherigen Gemeinschuldner C und ebenso eine Forderung des C an D. Nunmehr stellt C seine Zahlungen ein. Sowohl B als auch D wissen darum. B betreibt für seine Forderung die Zwangsvollstreckung in ein Grundstück des C, welches D von C gemietet und in Besitz hat. Wenn jetzt D den B für seine Forderung an C befriedigt, so geht gemäß § 268 BGB. die

[1]) Lang S. 272 ff.
[2]) Unrichtig Schrutka, S. 83.
[3]) Lang S. 111 ff., 270 ff.

Forderung des B an C auf D über[1]), dessen Schuld an C noch weiterbesteht. Dieser Fall scheint sowohl unter § 30 Nr. 1, Fall 2 KO. als auch unter § 55 Nr. 3 KO. zu fallen:

aa) Unter § 30 Nr. 1, Fall 2: Nach der Zahlungseinstellung des C erfolgt eine Rechtshandlung, die Zahlung des D an B, welche einem Konkursgläubiger (B) Befriedigung gewährt. Dies geschieht zu einer Zeit, in der der Gläubiger (B) Kenntnis von der Zahlungseinstellung hatte.

bb) Unter § 55 Nr. 3 KO.: Jemand (D) war vor Eröffnung des Verfahrens dem Gemeinschuldner C etwas schuldig und hat nach der Zahlungseinstellung des C und in Kenntnis davon eine Forderung gegen diesen durch Befriedigung eines Gläubigers (B) erworben, ohne zur Befriedigung des Gläubigers verpflichtet zu sein.

Das Argument Langs, daß § 30 Nr. 1, Fall 2 und § 55 Nr. 3 KO. deshalb nicht zusammentreffen könnten, weil § 30 Nr. 1 Fall 2 voraussetzt,, daß jemand, der bereits vor Beginn der kritischen Zeit Konkursgläubiger gewesen sei, erst in kritischer Zeit Sicherung oder Befriedigung (etwa durch Zahlung von seiten eines Schuldners des Gemeinschuldners) erlange, während § 55 Nr. 3 den umgekehrten Fall betreffe, daß ein Schuldner des Gemeinschuldners in kritischer Zeit eine Forderung gegen den letzteren erwerbe, ist, wie unser Fall zeigt, unzutreffend. Eine in kritischer Zeit vorgenommene Befriedigung eines Konkursgläubigers durch einen Schuldner des Gemeinschuldners kann, wie unser Beispiel zeigt, sowohl für den Konkursgläubiger Befriedigung seiner vor der kritischen Zeit erworbenen Konkursforderung als auch für den Schuldner, dessen Schuld bereits bei Eintritt der kritischen Zeit bestand, Erwerb einer Konkursforderung (in kritischer Zeit) bedeuten.

Dennoch liegt hier keine Konkurrenz der beiden Paragraphen vor. Die Befriedigung des B durch D ist nicht anfechtbar und zwar deshalb nicht, weil eine Anfechtung immer eine Benachteiligung der Konkursmasse und damit der Konkursgläubiger voraussetzt[2]). Die Befriedigung des B durch D benachteiligt als solche die Konkursgläubiger gar nicht, weil sie keine Verkürzung der Konkursmasse zur Folge hat. Zwar erlangt B volle Deckung, aber nicht auf Kosten der Gläubigerschaft, sondern auf Kosten des D, der nunmehr an Stelle des B die Konkursforderung erwirbt. Geschädigt würden die Konkursgläubiger nicht schon durch die Befriedigung des B durch D als solche, sondern erst durch

[1]) Vgl. Planck-Siber. 4. Aufl. § 268 Anm. 3 b.
[2]) Vgl. RG. 14, S. 313; Jaeger § 29, Anm. 44.

die Aufrechnung des D gegen seine Schuld an den Gemeinschuldner. Es trifft daher nur § 55 Nr. 3, nicht auch § 30 Nr. 1, Fall 2 KO. zu.

Nicht deshalb also kann § 30 Nr. 1, Fall 2 KO. niemals mit § 55 Nr. 3, Fall 3 KO. (Erwerb einer Forderung durch Befriedigung eines Gläubigers) konkurrieren, weil § 30 stets voraussetzt, daß eine Forderung an den Gemeinschuldner schon vor Eintritt der kritischen Zeit bestanden hat, während § 55 Nr. 3 KO. gerade umgekehrt den Erwerb der Aktivforderung in kritischer Zeit verlangt. Vielmehr können beide Bestimmungen deshalb nicht zusammentreffen, weil eine Befriedigung eines Konkursgläubigers, die nicht durch den Gemeinschuldner, sondern durch einen Dritten erfolgt, als solche niemals eine Benachteiligung der Konkursgläubigerschaft, die stets Erfordernis der Anfechtung ist, bedeutet.

Aus demselben Grunde kann auch in seinem zweiten Teile (Rechtsabtretung) der § 55 Nr. 3 KO. nicht mit § 30 Nr. 1, Fall 2 KO. konkurrieren. Die Abtretung einer Forderung bedeutet als solche niemals eine Benachteiligung der Gläubigerschaft, ganz abgesehen von der Frage, ob die Rechtsabtretung überhaupt jemals eine Rechtshandlung sein kann, welche einem Konkursgläubiger Sicherung oder Befriedigung gewährt.

b) Es kommt daher in fast allen Fällen der Bestimmung des § 55 Nr. 3 KO. eine selbständige Bedeutung zu. Es erweist sich insofern als notwendig, das ihm zugrundeliegende Prinzip näher zu umschreiben. Es ist bereits dargetan worden, daß durch § 55 Nr. 3 KO. eine Ausplünderung der Masse verhütet werden soll; es soll verhindert werden, daß Drittschuldner in kritischer Zeit Forderungen von Konkursgläubigern zu billigem Preise zu dem Zwecke erwerben, damit letztere auf Kosten der Gesamtgläubigerschaft und dem Grundsatz der par condicio creditorum zuwider sich volle Deckung verschaffen. Es ist bereits oben angedeutet worden, daß es sich hier um eine Erweiterung des in § 55 Nr. 2 KO. zum Ausdruck gebrachten Grundsatzes handelt. Und während wir bereits oben § 55 Nr. 2 KO. als eine Anwendung des in § 392 BGB. enthaltenen Grundsatzes von der Unzulässigkeit der Aufrechnung gegen eine beschlagnahmte Forderung mit einer erst nach der Beschlagnahme erworbenen Gegenforderung umschrieben haben, können wir mit Hilfe des § 55 Nr. 3 KO. diesen Grundsatz für den Konkurs folgendermaßen erweitern: Sobald Konkurs eingetreten ist, wird zu Ungunsten des Schuldners der beschlagnahmten Forderung unterstellt, daß die Beschlagnahme bereits im Augenblick der Zahlungseinstellung oder des Antrages auf Konkurseröffnung stattgefunden hat, wenn der Schuldner seine Gegenforderung durch ein Rechtsgeschäft mit dem Gemeinschuldner oder durch Rechtsabtretung oder durch Befriedigung eines Gläubigers erworben hat und ihm zur Zeit des Erwerbes die Zahlungseinstellung oder der Antrag auf Eröffnung des Verfahrens bekannt war.

4. Es könnte gerügt werden: es ist zwar einzusehen, daß § 55 Nr. 3 KO. erforderlich war, um im Konkurse die Aufrechnung von Forderungen auszuschließen, die erst in kritischer Zeit einander gegenüber getreten sind. Jedoch wird durch diese Bestimmung nur unvollkommen erreicht, was erreicht werden sollte. § 55 Nr. 3 KO. trifft nur eine Aufrechnung im Konkurse. Wenn aber die Forderungen bereits vor Konkurseröffnung einander gegenüber getreten sind, so kann die Aufrechnung noch vor Konkurseröffnung erklärt werden, und hier ist sie zulässig, da § 55 Nr. 3 KO. hier nicht gilt [1]).

In neueren Entscheidungen wird allerdings die Ansicht vertreten, daß gemäß § 55 Nr. 3 KO. auch eine vor Konkurseröffnung erklärte Aufrechnung unzulässig sei [2]). Ihnen hat sich Jaeger in der neuesten (5.) Auflage seines Kommentars (§ 55 Anm. 17) angeschlossen, während er noch in der 4. Auflage (§ 55 Anm. 3 und 17) nur auf eine während des Konkurses erklärte Aufrechnung den § 55 Nr. 3 KO. angewandt wissen will.

Nach der Auslegung Jaegers und der erwähnten Entscheidungen „begrenzen" die Worte am Eingang des § 55 KO. „eine Aufrechnung im Konkursverfahren ist unzulässig" „nicht die Zeit für die Abgabe der unzulässigen Aufrechnungserklärung nach rückwärts hin," sondern haben die Bedeutung, daß eine Aufrechnung — mag sie vor oder nach Konkurseröffnung erklärt worden sein — „mit Wirkung für das Konkursverfahren" — unzulässig ist.

Diese Auslegung wird durch den Wortlaut des § 55 KO. nicht gerechtfertigt und erscheint außerdem gekünstelt.

Zudem würde die Wirksamkeit einer vor Konkurseröffnung erklärten Aufrechnung gegebenenfalls 6 Monate (vgl. § 33 KO.) in der Schwebe sein; denn da es unter Umständen trotz der kritischen Lage des Gemeinschuldners gar nicht zur Konkurseröffnung kommt, so dürfte die vor Konkurseröffnung erklärte Aufrechnung natürlich nicht schlechthin nichtig sein.

---

[1]) Ebenso Lang S. 283.

[2]) Insbes. RG. Bd. 85, S. 38 ff.; RG. i. d. Leipz. Zeitschr. f. dtsch. Recht 1914, S. 1910 und OLG. Celle ebenda S. 507.

Gerade dieser Umstand spricht dafür, nicht den § 55 Nr. 3 KO. anzuwenden, der nur von absoluter Nichtigkeit der Aufrechnung spricht, sondern wenn es sich mit dem Gesetz vereinbaren läßt, Rechtsregeln Anwendung finden zu lassen, die einer an sich gültigen Rechtshandlung vom Augenblick der Konkurseröffnung an nachträglich ihre Wirkung zu entziehen imstande sind.

Den erwähnten Entscheidungen (ausdrücklich RG. 85 S. 38 ff.) liegt auch die unrichtige Vorstellung zugrunde, daß die Bestimmung des § 55 KO. die Folge eines privatrechtlichen „Konkursanspruchs" seien, der zugunsten aller Konkursgläubiger bereits mit Zahlungseinstellung oder mit dem Eröffnungsantrag entstehe und der unter anderem von seiner Entstehung an auch den Erwerb neuer Aufrechnungsrechte ausschließe [1]).

Es ist aber auch gar nicht nötig, auf Grund des § 55 Nr. 3 KO. auch eine vor Konkurseröffnung erklärte Aufrechnung für unzulässig zu halten. Denn die Wirkung der vor Konkurseröffnung erklärten Aufrechnung kann auf anderem Wege beseitigt werden. Wenn der Schuldner des Gemeinschuldners gegen diesen in kritischer Zeit und in Kenntnis derselben eine Forderung erworben hat, ohne daß durch den Erwerb der Forderung selbst schon die Konkursgläubiger benachteiligt werden, so kann er zwar an sich vor Konkurseröffnung aufrechnen. Denn weder steht seiner Forderung die Anfechtungseinrede des § 41 Abs. 2 KO. noch der Aufrechnung gemäß richtiger wortgetreuer Auslegung die Bestimmung des § 55 Nr. 3 KO. entgegen. Jedoch ist die A u f r e c h n u n g s e r k l ä r u n g gemäß § 30 Nr. 1, Fall 2 KO. von Konkurseröffnung an anfechtbar: sie ist eine in kritischer Zeit erfolgte Rechtshandlung, welche einem Konkursgläubiger, der die kritische Lage kannte, Befriedigung gewährt und welche dadurch die übrigen Konkursgläubiger benachteiligt.

Auch J a e g e r gab früher [2]) die Möglichkeit einer Anfechtung der vor Konkurseröffnung erfolgten Aufrechnung zu, jedoch nur dann, wenn die Voraussetzungen des § 30 Nr. 2 KO. vorliegen. M. E. steht jedoch nichts im Wege, gemäß § 30 Nr. 1, Fall 2 KO., die Aufrechnung auch dann anzufechten, wenn es sich um den Fall der kongruenten Deckung handelt.

Ganz anderer Ansicht ist L a n g , S. 283. Seines Erachtens kann nur der Rechtsakt, durch den die Forderung erworben worden ist, angefochten werden, und logischer-

---

[1]) Vgl. dazu unten § 14 II.
[2]) Jaeger. 4. Aufl. 1913. § 55 Anm. 17.

weise nur dann, wenn die Anfechtungsvoraussetzungen gegeben sind, d. h. wenn durch den Rechtsakt, der sich nur als ein Rechtsgeschäft zwischen dem Schuldner und dem späteren Gemeinschuldner darstellen kann, die Gläubigerschaft unmittelbar benachteiligt wird. Eine nähere Begründung wird von ihm an dieser Stelle nicht gegeben. Allerdings setzt er auf S. 111 ff. mit eingehender Begründung auseinander, daß eine vor Konkurseröffnung erfolgte Aufrechnungserklärung nach Eröffnung des Verfahrens nicht angefochten werden könne. Allein die Begründung, die er dazu gibt, paßt für unseren Fall nicht. Er führt folgendes aus: eine vor Konkurseröffnung erfolgte Aufrechnung könne deshalb nicht angefochten werden, weil sie keine Benachteiligung der Konkursgläubiger bedeute; zwar werde durch die Aufrechnung die Aktivforderung nicht auf Prozente beschränkt und die Passivforderung ohne Zahlung an die Masse voll getilgt; aber dieselbe Wirkung trete gemäß § 53 KO. auch ein, wenn die Aufrechnung nach Konkurseröffnung erklärt werde.

Aus dieser Begründung geht hervor, daß Lang bei den auf S. 111 ff. behandelten Fällen der Aufrechnung sich der Möglichkeit, daß eine erst nach Konkurseröffnung erfolgte Aufrechnung gemäß § 55 Nr. 3 KO. unwirksam sein kann, gar nicht bewußt ist. Denn in diesem Falle hat zweifellos die Aufrechnung vor Konkurseröffnung eine Benachteiligung der Gläubigerschaft insofern zur Folge, als ihre Nichtausübung bis zur Konkurseröffnung gemäß § 55 Nr. 3 KO. ihren völligen Verlust bedeuten würde.

Die Bestimmung des § 55 Nr. 3 KO. wäre aber zweifellos völlig unzulänglich, wenn man die Wirkung einer in kritischer Zeit erfolgenden Aufrechnung in dem Falle nicht rückgängig machen könnte, wo diese nach Konkurseröffnung gemäß § 55 Nr. 3 KO. unzulässig sein würde. Denn wenn ein Schuldner des Gemeinschuldners noch vor Konkurseröffnung, aber bereits in kritischer Zeit eine Forderung gegen diesen erworben hat, dann wird es ihm in den meisten Fällen ein Leichtes sein, auch noch vor Konkurseröffnung die Aufrechnungserklärung abzugeben. Soll deren die Gläubigerschaft benachteiligende Wirkung in allen den Fällen nicht beseitigt werden können, in denen das Rechtsgeschäft selbst, aus dem die Aktivforderung entstanden ist, weil es als solches die Gläubigerschaft nicht benachteiligt, unanfechtbar ist?

Ist also die Forderung in kritischer Zeit von einem Schuldner des Gemeinschuldners erworben worden, so hat man zu unterscheiden:

a) Durch den Erwerb der Forderung werden die Konkursgläubiger schon benachteiligt:

aa) Die Wirkungen der vor Konkurseröffnung erklärten Aufrechnung können nach Konkurseröffnung rückgängig gemacht werden entweder durch Anfechtung des Rechtsgeschäfts, aus dem die Forderung entstanden ist (wenn der Fall des § 30 Nr. 1, Fall 1 KO. vorliegt), oder durch Anfechtung bloß der Aufrechnung gemäß § 30 Nr. 1, Fall 2 KO.

bb) Nach Konkurseröffnung ist die Aufrechnung unzulässig, weil ihr sowohl die Anfechtungseinrede als auch § 55 Nr. 3 KO. entgegensteht.

b) Durch den Erwerb der Forderung werden die Gläubiger noch nicht benachteiligt:

aa) Vor Konkurseröffnung ist die Aufrechnung zulässig; ihre Wirkungen können aber nach Konkurseröffnung durch Anfechtung — der Aufrechnung — wieder rückgängig gemacht werden. § 30 Nr. 1, Fall 2 KO.

bb) Nach Konkurseröffnung ist sie gemäß § 55 Nr. 3 KO. unzulässig.

III. Durch Gegenteilsschluß ergibt sich aus § 55 Nr. 3 KO., daß in sämtlichen nicht dieser Bestimmung unterliegenden Fällen die Aufrechnung einer vor Konkurseröffnung erworbenen Konkursforderung gegen eine ebenfalls bei Eröffnung des Verfahrens bereits gegen diesen Gläubiger bestehenden Forderung des Gemeinschuldners zulässig ist, sofern nicht die Vorschriften des bürgerlichen Rechts entgegenstehen [1].

II. Kapitel.

Die Aufrechnung eines Konkursgläubigers gegen eine konkursfreie Forderung des Gemeinschuldners.

§ 7.

Bestehen der Pasivforderung bei Konkurseröffnung zugunsten des Gemeinschuldners.

Ein Konkursgläubiger kann nicht aufrechnen gegen eine bereits bei Konkurseröffnung bestehende Forderung des — damaligen — Gemeinschuldners, die nicht zur Konkurs-

[1]) Es ist nicht richtig, daß bereits in § 53 KO. die Aufrechterhaltung eines bereits bei Konkurseröffnung nach den Regeln des bürgerlichen Rechts bestehenden Aufrechnungsrechts ausgesprochen sei (so insbes.

masse gehört. Das ergibt sich aus § 394 BGB. Denn soweit die bei Konkurseröffnung bestehenden Forderungen des Gemeinschuldners pfändbar sind, fallen sie gemäß § 1 KO. in die Konkursmasse. Eine konkursfreie Forderung des Gemeinschuldners, die bereits bei Konkurseröffnung zu seinen Gunsten bestand, muß daher eine unpfändbare Forderung sein, gegen die nach § 394 BGB. eine Aufrechnung nicht stattfindet.

§ 8.

Entstehung der Pasivforderung nach Konkurseröffnung.

I. Die Frage, ob ein Konkursgläubiger (B) aufrechnen darf gegen eine erst nach Konkurseröffnung entstandene Forderung des Gemeinschuldners (C), ist in dem Abschnitt der Konkursordnung über die Aufrechnung nicht ausdrücklich geregelt. Insbesondere ist in § 55 KO. die Aufrechnung nicht ausdrücklich ausgeschlossen. § 55 KO. behandelt unter Nr. 1 zwar den Fall, daß ein Konkursgläubiger nach Konkurseröffnung etwas zur Masse schuldig wird. Aber die Schuld des B an den C ist keine Schuld zur Masse, sondern eine Schuld an das konkursfreie Vermögen des Gemeinschuldners. Das ergibt sich daraus, daß gemäß § 3 KO. der Neuerwerb des Gemeinschuldners nicht in die Konkursmasse fällt. Daraus, daß dieser Fall nicht ausdrücklich in der Konkursordnung geregelt ist, folgert die weitaus herrschende Meinung, die Aufrechnung sei hier zulässig, zumal sämtliche nach bürgerlichem Recht notwendigen Erfordernisse, insbesondere das der Gegenseitigkeit, vorlägen [1].

Die Tatsache der Nichterwähnung dieses Falles in der Konkursordnung beweist jedoch nicht die Zulässigkeit der Aufrechnung. Es ist bereits oben davon die Rede gewesen, daß die in § 55 KO. ausgesprochenen Beschränkungen des Aufrechnungsrechts nicht lediglich als positive Rechtsnormen aufzufassen seien, sondern daß sie nur die notwendigen Folgen gewisser Veränderungen materieller Rechtsverhältnisse durch die Konkurseröffnung seien. Folgerichtig hätte der Richter, selbst wenn die Konkursordnung die Bestimmungen des § 55 Nr. 1 und 2 KO. nicht ausdrücklich

Lang, S. 138). § 53 KO. besagt nichts darüber, w a n n jemand zur Aufrechnung befugt ist, sondern bestimmt lediglich, daß, w e n n ein Konkursgläubiger zur Aufrechnung befugt ist, er seine Forderung im Konkursverfahren nicht anzumelden braucht.

[1]) Insbes. Jaeger § 14 Anm. 17; Seuffert S. 234 Anm. 7; v. Voelderndorff S. 591; Hellmann S. 193; v. Wilmowski § 55 Anm. 4; Petersen-Kleinfeller § 53 Anm. 3 b. v. Sarwey-Bossert § 55 Anm. 4, RG. 26 S. 67; OLG. 15, S. 238.

enthielte, die Aufrechnung der betreffenden Gläubiger für unzulässig zu erklären gehabt. Daraus ergibt sich mit Notwendigkeit, daß auch bei den nicht ausdrücklich in § 55 KO. geregelten Fällen die Frage, ob die Aufrechnung zulässig ist, dann verneint werden muß, wenn die Aufrechnung in Widerspruch stehen würde mit den Veränderungen der materiellen Rechtslage durch die Konkurseröffnung.

Auf diesen Zusammenhang mit den Änderungen der materiellen Rechtslage durch die Eröffnung des Verfahrens wird es daher ankommen, ob das Aufrechnungsrecht dem B einzuräumen ist oder nicht.

Vorauszuschicken ist, daß selbstverständlich das Pfandrecht der Konkursgläubiger an der Konkursmasse die Aufrechnung des B nicht hindern kann; denn die Forderung, gegen die B aufrechnen will, unterliegt diesem Pfandrecht gar nicht, da sie nicht zur Konkursmasse gehört.

Aus demselben Grunde kann die Zulässigkeit der Aufrechnung nicht gegen den Grundsatz der sogenannten par condicio creditorum verstoßen; denn wenn auch B dadurch, daß er — zufällig — nach Konkurseröffnung Schuldner des C wird, bei Zulässigkeit der Aufrechnung die Möglichkeit hätte, anders als seine Mitkonkursgläubiger volle Deckung zu erhalten, so bezieht sich doch der Grundsatz von der gleichmäßigen Befriedigung sämtlicher Konkursgläubiger nur auf deren Befriedigung aus der Konkursmasse. Bezüglich der Befriedigung ihrer Forderungen aus dem konkursfreien Vermögen des Konkursschuldners, vorausgesetzt natürlich die Zulässigkeit einer solchen Befriedigung, gilt der Grundsatz der par condicio creditorum nicht. Andernfalls müßte auch die Befriedigung irgend eines Konkursgläubigers durch eine dritte Person gemäß § 267 BGB. als diesem Grundsatz zuwider unzulässig sein.

Die Zulässigkeit der Aufrechnung des B im vorliegenden Falle läuft dem Grundsatz von der Sonderung der Vermögensmassen des Gemeinschuldners mit Bezug auf das Zugriffsrecht seiner Gläubiger zuwider. Während des Konkursverfahrens haftet nach § 3 KO. den Konkursgläubigern nur die Konkursmasse und nach § 14 KO. den anderen Gläubigern nur das konkursfreie Vermögen des Gemeinschuldners. Wenn aber der Konkursgläubiger B sich durch Aufrechnung gegen die konkursfreie Forderung des C an ihn volle Deckung verschaffen könnte, so würde ihm obigem Grundsatze zuwider zur Befriedigung seiner Konkursforderung eine nicht zur Konkursmasse gehörende Forderung des C, also ein Vermögensstück desselben haften, das nicht mit zur Konkursmasse gehört. Daher ist die Aufrechnung unzulässig.

Dennoch hat diese Anschauung in der Literatur[1]) zumeist Ablehnung erfahren. Es wird folgendes geltend gemacht: Der Grundsatz, daß für die Konkursforderungen während der Dauer des Verfahrens das konkursfreie Vermögen des Gemeinschuldners nicht haftet, gelte nicht in diesem Ausmaße. In § 14 KO., aus dem man diesen Grundsatz entnehme, sei nur davon die Rede, daß Arreste und Zwangsvollstreckungen zugunsten der Konkursgläubiger in das konkursfreie Vermögen des Gemeinschuldners ausgeschlossen seien. Eine ausdehnende Anwendung des § 14 KO. werde durch nichts gerechtfertigt.

Meines Erachtens hat die Konkurseröffnung die strenge Sonderung der Vermögensmassen des Gemeinschuldners mit Bezug auf das Zugriffsrecht seiner Gläubiger zur Folge. Die Kehrseite des Pfandrechts der Konkursgläubiger an der Konkursmasse ist der Ausschluß jeglicher Haftung des konkursfreien Vermögens des Gemeinschuldners für die Forderungen der Konkursgläubiger während der Dauer des Verfahrens. Das geht aus dem mehrfach in der Konkursordnung zum Ausdruck gebrachten Gedanken hervor, den Gemeinschuldner nicht für alle Zeit wirtschaftlich tot zu machen, sondern ihm — bis zu einem gewissen Grade selbst auf Kosten seiner Gläubiger — die Möglichkeit zukünftigen Erwerbes und hierzu auch die Kreditfähigkeit wieder zu verschaffen. Das erhellt insbesondere auch aus § 1 KO., wonach nur das zur Zeit der Eröffnung des Verfahrens dem Gemeinschuldner bereits gehörende Vermögen in die Konkursmasse fällt. Aber auch § 14 KO. ist in diesem Sinne zu verstehen[2]). Wenn aber nach dieser Bestimmung zwar Arreste und Zwangsvollstreckungen zugunsten der Konkursgläubiger in das konkursfreie Vermögen des Gemeinschuldners ausgeschlossen wären, dagegen ihnen die Aufrechnung gegen eine konkursfreie Forderung des Gemeinschuldners gestattet wäre, so würde der § 14 KO. seinem Zweck keinesfalls gerecht werden; denn Arrest und Zwangsvollstreckung sind nicht die einzigen Formen, durch die das Zugriffsrecht der Gläubiger auf das Vermögen des Schuldners verwirklicht werden kann. Auch das Aufrechnen ist eine Form der Durchsetzung einer Forderung. Auch das Aufrechnungsrecht ist ein Ausdruck der Haftung des Schuldnervermögens für die Forderung des Gläubigers. Denn im Grunde ist die

---

[1]) Vgl. oben S. 39 Anm. 1.
[2]) Vgl. Motive S. 51 ff.

Aufrechnung weiter nichts als die Verwirklichung der Haftung der Forderung des Schuldners für dessen eigene Schuld.

Infolgedessen wäre es unfolgerichtig, wollte man den Konkursgläubigern zwar Arreste und Zwangsvollstreckungen in das konkursfreie Vermögen des Gemeinschuldners versagen, dagegen ihnen die Aufrechnung gegen eine konkursfreie Forderung des Gemeinschuldners gestatten. Vielmehr muß auch die Aufrechnung einer Konkursforderung gegen eine konkursfreie Forderung des Gemeinschuldners unzulässig sein [1]).

II. Auch das Reichsgericht bekennt sich in einer Entscheidung (Bd. 26, S. 67) zu der Auffassung, daß der Grund für die Schaffung des § 14 KO. darin liege, dem Gemeinschuldner die Erwerbs- und Kreditfähigkeit wieder zu eröffnen. Trotzdem soll dies nach seiner Auffassung — also in Übereinstimmung mit der herrschenden Lehre (oben S. 39) — nicht für eine ausdehnende Anwendung des Gesetzes über dessen bestimmten Wortlaut hinaus sprechen.

Jedoch scheint die Begründung, die das Reichsgericht für seine Auffassung gibt, überholt zu sein: Es heißt in ihr zum Schluß nämlich, der § 14 KO. könne deshalb nicht im Wege der Analogie angewandt werden, weil nicht angenommen werden könne, daß die nach Zivilrecht kraft Gesetzes eintretende Erlöschung sich gegenüberstehender, zur Kompensation geeigneter Forderungen durch § 14 KO. habe beseitigt werden sollen. Dieser Satz erscheint völlig begründet, wenn das Erlöschen zweier einander gegenüberstehender Forderungen in der Tat kraft Gesetzes von dem Zeitpunkt an, wo sie einander gegenüber getreten sind, einträte. Das Reichsgericht geht dabei offenbar von dem richtigen Gedanken aus, daß § 14 KO. seinem Wortlaut gemäß zwar imstande sei, Rechtshandlungen des Konkursgläubigers, wie sie die Zwangsvollstreckung und die Ausbringung eines Arrestes in einen Gegenstand der Konkursmasse zweifellos erfordern, für unwirksam zu erklären, daß er aber niemals derartig weit ausgelegt werden könne, daß er die Macht habe, kraft Gesetzes eintretende Rechtsvorgänge schlechthin für nicht geschehen zu erklären. Jedoch ist zu beachten, daß die Entscheidung des Reichsgerichts aus dem Jahre 1890, also aus der Zeit vor Inkrafttreten des Bürgerlichen Gesetzbuches stammt und daß sie Rheinisches Zivilrecht anwendet, d. h. den französischen Code civil, da sich der Prozeß im Rheinlande abspielte. Die

[1]) Ebenso: Lang S. 132 ff.; Fitting § 21 Anm. 20; Oetker S. 231; Schrutka S. 74.

Konstruktion der Aufrechnung im Code civil ist eine ganz andere als im deutschen Bürgerlichen Gesetzbuch. Die betreffenden Bestimmungen im Code civil lauten:

1. Artikel 1289: Lorsque deux personnes se trouvent débitrices l'une envers l'autre, il s'opère entre elles une compensation, qui *éteint les deux dettes* de la manière et dans les cas ci-aprés exprimés.
2. Artikel 1290: La compensation s'opère de plein droit *par la seule force de la loi même à l'insu des débiteurs;* les deux dettes s'éteignent réciproquement, à l'instant où elles se trouvent exister à la fois, jusqu'à concurrence de leurs quotités respectives.

Diesen Bestimmungen gemäß tritt nach französischem Recht die Aufrechnung kraft Gesetzes von dem Zeitpunkt an ein, in dem sich die Forderungen aufrechenbar gegenüber getreten sind, und zwar selbst ohne Wissen der Schuldner. Einer ausdrücklichen Geltendmachung der Aufrechnung bedarf es zum Zwecke der Tilgung der beiderseitigen Forderungen nicht[1]).

Daß das Reichsgericht unter der Herrschaft dieses Rechts den § 14 KO. auf die Aufrechnung nicht anwendet, erscheint erklärlich. Denn § 14 KO. spricht nicht von dem Ausschluß von kraft Gesetzes eintretenden Rechtswirkungen, sondern von der Unzulässigkeit von Rechtshandlungen.

Anders steht es nach dem jetzt geltenden deutschen Reichsrecht. Das Argument des Reichsgerichts, § 14 KO. könne deshalb keine Anwendung finden, weil „nicht angenommen werden könne, daß die nach Zivilrecht kraft Gesetzes eintretende Erlöschung sich gegenüber stehender zur Compensation geeigneter Forderungen durch § 14 KO. habe beseitigt werden sollen," ist seit dem Inkrafttreten des Bürgerlichen Gesetzbuches hinfällig geworden. Denn nach diesem Gesetz tritt die Aufrechnung nicht ipso iure mit dem Zeitpunkt ein, in dem sich die beiderseitigen Forderungen aufrechenbar gegenüber getreten sind; sondern gemäß § 388 BGB. erfolgt die Aufrechnung durch Erklärung des einen Teiles gegenüber dem anderen. Die Rechtswirkung des Erlöschens der Forderungen durch Aufrechnung ist hier

---

[1]) a. A.: Jaeger § 14 Anm. 17 unter Hinweis auf Zachariä-Crome § 307 Note 3a. Dort heißt es nämlich, daß es im Prozeß notwendig ist, das Erlöschen der eingeklagten Forderung durch Aufrechnung geltend zu machen. Doch wie ebenda weiter ausgeführt wird, ändert die Notwendigkeit prozessualer Vorschützung der Aufrechnung nichts daran, daß die beiderseitigen Forderungen bereits kraft Gesetzes in dem Zeitpunkt erlöschen, wo sie sich aufrechenbar gegenübertreten.

die gewollte Folge eines Rechtsgeschäfts und damit einer Rechtshandlung. Die Wirkung des § 14 KO. ist, wenn man ihn auf die Aufrechnung ausdehnend anwendet, damit genau die gleiche wie im Falle der Zwangsvollstreckung und der Ausbringung eines Arrestes. Er erklärt diese Handlungen mit Rechtswirkung für unzulässig und unwirksam. Für das Argument der Reichsgerichtsentscheidung aus dem Jahre 1890 gegen die ausdehnende Anwendung des § 14 KO., mag es auch nach altem rheinischen Zivilrecht begründet sein, ist unter der Herrschaft des Bürgerlichen Gesetzbuches kein Raum mehr [1]).

III. Es ist noch die Frage zu behandeln, ob dem Konkursgläubiger B die Aufrechnung für den Fall zu gestatten sei, daß er seine Forderung im Konkursverfahren nicht geltend macht [2]). Das ist abzulehnen. Der § 14 KO. verbietet, wie oben näher ausgeführt worden ist, während der Dauer des Konkursverfahrens nicht nur Zwangsvollstreckungen und Arreste, sondern auch Aufrechnungen zugunsten einzelner Konkursgläubiger in das konkursfreie Vermögen des Gemeinschuldners. „Konkursgläubiger" sind gemäß § 3 KO. alle persönlichen Gläubiger, die einen zur Zeit der Eröffnung des Verfahrens begründeten Vermögensanspruch an den Gemeinschuldner haben, und nicht nur diejenigen, die sich am Konkursverfahren beteiligen (die sogenannten Liquidanten [3]). Wie daher während des Verfahrens Zwangsvollstreckungen und Arreste in das konkursfreie Vermögen des Gemeinschuldners auch zugunsten derjenigen Konkursgläubiger unzulässig sind, die sich nicht am Konkursverfahren beteiligen, so muß auch die Aufrechnung einer Konkursforderung gegen eine konkursfreie Forderung des Gemeinschuldners selbst dann unzulässig sein, wenn sich der Konkursgläubiger gar nicht am Konkursverfahren beteiligt. Und daß ein nicht am Konkursverfahren beteiligter Konkursgläubiger nicht in das konkursfreie Vermögen des Gemeinschuldners Arreste ausbringen oder die Zwangsvollstreckung betreiben darf, darüber herrscht in der Literatur Einigkeit [4]).

Mit Recht: andernfalls würde, wenn kurz nach Eröffnung des Konkursverfahrens der Gemeinschuldner — etwa durch Erbfolge — einen größeren Vermögenserwerb macht, eine große Anzahl Konkursgläubiger ihre Forderungen nicht

---

[1]) Ebenso: Lang S. 133 Anm. 2.

[2]) So: Oetker S. 231 ff. v. Schrutka S. 74.

[3]) Vgl. Lang S. 83 und 134 Anm. 3, auch § 181 Satz 1 in Vbg. mit § 193 S. 1 KO.

[4]) Vgl. statt aller: Jaeger § 14 Anm. 3.

anmelden, sondern versuchen, möglichst schnell eine Pfändung in den Neuerwerb des Gemeinschuldners auszubringen und so dem Prinzip des Konkursrechts zuwiderhandeln, daß um der Erhaltung der wirtschaftlichen Existenz des Gemeinschuldners willen dessen nach Konkurseröffnung erworbenes Vermögen dem Zugriffsrecht der Konkursgläubiger nicht unterliegen soll. Aus demselben Grunde muß aber auch die Aufrechnung gegen konkursfreie Forderungen des Gemeinschuldners selbst zugunsten derjenigen Konkursgläubiger ausgeschlossen sein, die ihre Forderungen im Konkursverfahren nicht angemeldet haben oder die die bereits geschehene Anmeldung wieder zurückgenommen haben. Denn selbst den letzteren will v. Schrutka die Aufrechnung gestatten [1]).

§ 9.

Die Passivforderung besteht bereits vor Konkurseröffnung. Sie wird aber erst nach Konkurseröffnung zu einer Forderung des Gemeinschuldners.

Es ist nunmehr zu prüfen, ob, wenn die konkursfreie Gegenforderung des Gemeinschuldners (C) gegen den Konkursgläubiger (B) zwar bereits vor Konkurseröffnung entstanden, aber bei Eröffnung des Verfahrens noch keine Forderung des damaligen Gemeinschuldners war, sich etwas an dem oben in § 8 gefundenen Ergebnis ändert. Es sind nämlich folgende Fälle denkbar:

1. Der Gemeinschuldner beerbt nach Konkurseröffnung einen Gläubiger eines Konkursgläubigers (Erbfall Nr. 3).
2. Der Gemeinschuldner wird nach Konkurseröffnung von einem Gläubiger eines Konkursgläubigers beerbt (Erbfall Nr. 4).

I. Wenn eine Konkursforderung und eine konkursfreie Gegenforderung des Gemeinschuldners dadurch einander gegenübergetreten sind, daß der Gemeinschuldner (C) nach Konkurseröffnung einen Gläubiger (A) eines Konkursgläubigers (B) beerbt hat, so fragt es sich, ob die Tatsache, daß bis zu einer durch Anordnung der Nachlaßverwaltung oder Eröffnung des Nachlaßkonkurses eintretenden separatio bonorum den Eigengläubigern des C, im vorliegenden Falle also auch B, zur Befriedigung ihrer Forderungen auch der Nachlaß, zu dem im vorliegenden Falle auch die ursprünglich dem A zustehende Forderung gehört, haftet, dem B das

[1]) v. Schrutka, S. 74.

Aufrechnungsrecht verschafft. Die Frage ist zu verneinen. Zwar wäre, wenn sich C nicht im Konkurs befände, B beim Nichtvorliegen der separatio bonorum zur Aufrechnung befugt. Im Konkurse des Erben hat jedoch der auf den Fall der Aufrechnung ausdehnend anzuwendende § 14 KO. zu Ungunsten der Eigengläubiger des Erben dieselbe Wirkung wie die separatio bonorum. Das erhellt insbesondere auch aus einem Vergleich des Wortlauts des § 14 KO. und des § 1984 Abs. 2 BGB. Die Aufrechnung ist daher unzulässig.

II. Es kommt nunmehr der umgekehrte Fall zur Behandlung: Eine Konkursforderung und eine konkursfreie Gegenforderung des Gemeinschuldners treten sich deshalb gegenüber, weil ein Gläubiger (A) eines Konkursgläubigers (B) nach Eröffnung des Verfahrens den Gemeinschuldner (C) beerbt. Auch hier fragt es sich, ob dem Konkursgläubiger (B) gestattet ist, seine Konkursforderung gegen die Forderung des A an ihn aufzurechnen. Hier bedarf es einer vorbereitenden Erörterung darüber, welchen Einfluß im allgemeinen der Tod des Gemeinschuldners während des Konkursverfahrens auf dieses ausübt [1]).

Da der Gemeinschuldner trotz der Konkurseröffnung Eigentümer der Konkursmasse geblieben ist, so geht diese mit seinem Tode neben seinem anderen Vermögen auf den Erben über. Das Konkurspfandrecht der Konkursgläubiger geht dadurch nicht unter. Das Konkursverfahren nimmt seinen Fortgang. Der Erbe tritt in die Gemeinschuldnerrolle ein [2]) und hat die Rechte und Pflichten eines Gemeinschuldners, soweit nicht der besondere Umstand, daß er nur Erbe des ursprünglichen Gemeinschuldners ist, Ausnahmen rechtfertigt. Derjenige Teil des Nachlasses, der vom Erblasser erst nach Konkurseröffnung erworben ist, wird auch durch den Erbfall nicht Bestandteil der Konkursmasse. Es ist daher falsch, von einem Nachlaßkonkurs zu sprechen oder von einem Konkurse, der mit dem Erbfall in einen solchen übergeleitet werde [3]). Wenn das der Fall wäre, so

---

[1]) Vgl. dazu insbes. Jaeger § 214 Anm. 21; Schroeder i. d. Zeitschrift f. deutschen Zivilproz., Bd. 28, S. 1 ff.; Mager, „Der Tod des Gemeinschuldners im anhängigen Konkursverfahren“, Erlanger Diss. 1901; Rosenthal, „Der Tod des Gemeinschuldners im anhängigen Konkursverfahren“, Frankfurter Diss. 1918.

[2]) Anderer Ansicht: insbes. Oetker i. d. Ztschr. f. Zivilprozeß, Bd. 25, S. 20 und Schroeder ebenda, Bd. 28, S. 6 ff. Wie hier Seuffert ebenda Bd. 22, S. 501; Jaeger, Erbenhaftung S. 32; Mager a. a. O., S. 12 ff.

[3]) So insbes. Jaeger § 214 Anm. 21, anders noch Voraussetzungen eines Nachlaßkonkurses S. 3. Ebenso wie Jaeger: Seuffert S. 69;

müßten sämtliche — also auch die vom Erblasser nach Konkurseröffnung erworbenen — Aktiva des Nachlasses in die Konkursmasse einbezogen werden[1]). Es ist zudem auch deshalb unzweckmäßig, von einem Nachlaßkonkurs zu sprechen, weil gerade die wichtigsten Vorschriften des Nachlaßkonkurses keine Anwendung finden und die meisten Rechtswirkungen des Nachlaßkonkurses nicht Platz greifen. So z. B. tritt dadurch, daß jemand Erbe eines Gemeinschuldners wird, für ihn noch nicht ipso iure die beschränkte Erbenhaftung ein[2]). Namentlich wird er nicht von der Inventarpflicht frei. Zur Herbeiführung der beschränkten Erbenhaftung bedarf es vielmehr noch der erneuten Beantragung der Nachlaßverwaltung oder des Nachlaßkonkurses. Dieser Nachlaßkonkurs ergreift dann denjenigen Teil des Nachlasses, der sich bereits zur Zeit des Erbfalls im Konkurs befand, nicht mit; denn dieser Teil unterliegt dem Konkurspfandrecht der betreffenden Konkursgläubiger. Aber dafür können sich auch diese Konkursgläubiger nicht an denjenigen Nachlaßteil halten, über den nunmehr der Nachlaßkonkurs eröffnet wird. Denn dieser dient zur vorzugsweisen Befriedigung derjenigen, die erst nach der ersten Konkurseröffnung Gläubiger des Erblassers geworden sind.

Was nunmehr den erwähnten Erbfall anlangt, so scheint auch hier wiederum der ausdehnend anzuwendende § 14 KO. gegen die Zulässigkeit der Aufrechnung zu sprechen. Denn auch hier handelt es sich um die Aufrechnung einer Konkursforderung gegen eine konkursfreie Gegenforderung des Gemeinschuldners — denn daß das Eigenvermögen des Erben und damit auch seine Forderung gegen B nicht in die Konkursmasse fällt, bedarf keiner näheren Ausführung. — Auch hier scheint die Zulässigkeit der Aufrechnung dem Grundsatz zu widersprechen, daß während des Konkursverfahrens die Konkursgläubiger kein Zugriffsrecht auf das konkursfreie Vermögen des Gemeinschuldners haben.

Jedoch ist hier ein Vorbehalt zu machen. Man muß sich den Grund der Bestimmung des § 14 KO. vor Augen halten: Nur deshalb nämlich ist während des Konkursverfahrens das konkursfreie Vermögen des Gemeinschuldners von der Haftung für die Konkursforderungen gemäß § 14 KO. befreit, weil einerseits dem Gemeinschuldner nicht die

---

Rosenthal S. 9. Wie hier: Oetker a. a. O. und Ztschr. f. Handelsrecht Bd. 66, S. 234 ff.; Schroeder a. a. O., insbes. S. 39, 40; Mager S. 3 ff.

[1]) Dafür, daß dies nicht eintritt, vgl. insbes. Mager, S. 20 ff. und die dort angeführte Literatur.

[2]) Vgl. darüber unten Nr. 2.

Erwerbs- und Kreditfähigkeit genommen werden soll und andererseits die Neugläubiger nicht der Konkurrenz der Konkursgläubiger bezüglich des Zugriffsrechts auf das nach Konkurseröffnung vom Gemeinschuldner erworbene Vermögen ausgesetzt sein sollen. Daraus ergibt sich folgendes: Die Konkursgläubiger dürfen zwar, solange der Konkurs dauert, auch nach dem Erbfall keinesfalls — sei es durch Zwangsvollstreckung, sei es durch Ausbringung eines Arrestes, sei es durch Aufrechnung — auf dasjenige vom Erblasser herrührende Vermögen greifen, das dieser erst nach der Konkurseröffnung erworben hat[1]). Denn wenn auch hier der Gedanke der Erhaltung der Erwerbs- und Kreditfähigkeit des Gemeinschuldners infolge seines Todes nicht mehr in Betracht kommt, so würden doch, wollte man den Konkursgläubigern nach dem Erbfall das Zugriffsrecht auf den konkursfreien Teil des Nachlasses einräumen, diejenigen Personen, die nach Konkurseröffnung im Vertrauen darauf, daß den Konkursgläubigern während des Konkurses das konkursfreie Vermögen des Erblassers nicht hafte, dem Gemeinschuldner etwas kreditiert haben, durch den Zufall des Todes des Gemeinschuldners in unbilliger Weise benachteiligt werden. Infolgedessen dürfen keinesfalls durch den Erbfall die Konkursgläubiger ein Zugriffsrecht auf den konkursfreien Teil des Nachlasses bekommen.

Anders jedoch verhält es sich mit dem eigenen, nicht ererbten Vermögen des Erben, wozu im vorliegenden Falle auch die Forderung des Erben A gegen den Konkursgläubiger B gehört. Es muß die Frage der Aufrechnung der Konkursforderung des B gegen die Eigenforderung des A davon abhängen, ob der Erbe für die Nachlaßverbindlichkeiten beschränkt, d. h. nur mit dem Nachlaß oder unbeschränkt, d. h. auch mit seinem eigenen Vermögen haftet.

1. B kann gegen die Forderung des A dann nicht aufrechnen, wenn dieser den Nachlaßgläubigern nur beschränkt, d. h. nur mit dem Nachlaß haftet, insbesondere wenn Nachlaßverwaltung oder Nachlaßkonkurs über das konkursfreie Vermögen des Erblassers angeordnet worden ist[2]). Denn eine Aufrechnung einer Nachlaßforderung gegen eine Privatforderung des Erben würde die Haftung eines Stückes des Privatvermögens des Erben für eine Nachlaßforderung bedeuten und somit der Bestimmung des § 1975 BGB. zuwiderlaufen. Es ergibt sich das auch aus § 1977 BGB.

---

[1]) Vgl. Schroeder (Ztschr. f. Zivilproz., Bd. 28, S. 11).

[2]) Vgl. Jaeger, Erbenhaftung. S. 56.

Abs. 1., wonach vor Anordnung der Nachlaßverwaltung oder vor Eröffnung des Nachlaßkonkurses von Nachlaßgläubigern erklärte Aufrechnungen gegen Privatforderungen des Erben nach Anordnung der Nachlaßverwaltung oder Eröffnung des Nachlaßkonkurses rückwirkend als nicht erfolgt angesehen werden.

2. Es war bereits oben ausgeführt worden, daß die Tatsache, daß sich das Vermögen des Erblassers zur Zeit des Erbfalles im Konkurs befand, die unbeschränkte Haftung des Erben für die Nachlaßverbindlichkeiten nicht ausschließt. Es fragt sich daher, ob bei unbeschränkter Haftung des Erben (A) ebenfalls dem B die Aufrechnung im vorliegenden Falle versagt ist. Da die Aufrechnung im Grunde die vorzugsweise Befriedigung des Gläubigers an einem bestimmten Vermögensstück des Schuldners bedeutet und im vorliegenden Falle zweifellos das private Vermögen des Schuldners in seiner Gesamtheit der Haftung für die Verbindlichkeiten unterliegt, so erscheint es billig, die Aufrechnung dem B zu gestatten. Jedoch ist zu prüfen, ob nicht während der Dauer des Konkursverfahrens § 14 KO. — in seiner ausdehnenden Anwendung auf den Fall der Aufrechnung — die Aufrechnungsmöglichkeit ausschließt. Denn § 14 KO. erklärt Zugriffshandlungen von Konkursgläubigern auf das „sonstige" d. h. auf das konkursfreie Vermögen des Gemeinschuldners während der Dauer des Konkursverfahrens für unzulässig.

Hierbei ist jedoch zu beachten, daß die Gründe des § 14 KO. für den Ausschluß der Zugriffshandlungen auf das konkursfreie Vermögen im vorliegenden Falle bezüglich des privaten Vermögens des Erben nicht zutreffen. Von dem Grunde, dem Gemeinschuldner die Erwerbs- und Kreditfähigkeit nicht zu nehmen, kann hier keine Rede sein, weil der ursprüngliche Gemeinschuldner (C) tot ist. Und auch der Grund, daß diejenigen Nachlaßgläubiger, die erst nach Konkurseröffnung Forderungen gegen den Erblasser erworben haben und denen daher die Konkursmasse nicht haftet, nicht der Konkurrenz der Konkursgläubiger mit Bezug auf das Zugriffsrecht des nach Konkurseröffnung vom Gemeinschuldner erworbenen Vermögens ausgesetzt sein sollen, trifft hier nicht zu; denn er kann sich doch nur eben auf das Vermögen des Erblassers und nach seinem Tode mithin auf den Nachlaß beziehen und nicht auch auf das private Vermögen des Erben. Daher ist § 14 KO. nicht anzuwenden und die Aufrechnung wie jede Handlung zur Verwirklichung der Haftung des privaten Vermögens des

Erben für die Nachlaßforderungen — sei es der Konkursgläubiger, sei es der Nichtkonkursgläubiger — zulässig [1]).

III. Im Anschluß an die beiden eben behandelten Fälle ist noch zu prüfen, was eintritt, wenn der Gemeinschuldner (C), der gegen seinen Konkursgläubiger (B) zugleich eine — nach Konkurseröffnung entstandene — konkursfreie Gegenforderung hat, stirbt und von einem Dritten (X) beerbt wird. Hier tritt X als Erbe des Gemeinschuldners in eine Schuld an einen Konkursgläubiger und in eine konkursfreie Forderung an denselben ein. Kann B aufrechnen?

Es sind gemäß dem oben in §§ 8 und 9 I und II Ausgeführten zwei Unterfälle auseinander zu halten.

1. Der Konkursgläubiger konnte schon zu Lebzeiten des Gemeinschuldners nicht aufrechnen, weil ihm § 14 KO. entgegenstand. (Vgl. oben §§ 8,9 I und II.)

Es fragt sich, ob der Umstand, daß jetzt der Gemeinschuldner (C) stirbt und von X beerbt wird, dem Konkursgläubiger (B) ein Aufrechnungsrecht verschafft, insbesondere etwa gemäß dem oben unter II Ausgeführten für den Fall, daß X für die Nachlaßschulden des C unbeschränkt haftet.

Die Frage ist zu verneinen.

Für die Zulässigkeit oder Unzulässigkeit der Aufrechnung des B ist es bedeutungslos, ob X für die Nachlaßschulden des C beschränkt oder unbeschränkt haftet. Denn die konkursfreie Forderung gegen B ist keine Privatforderung des Erben, sondern eine zum Nachlaß des C gehörige Forderung.

Derjenige Nachlaßteil aber, der — weil insbesondere erst nach Konkurseröffnung seitens des Gemeinschuldners C erworben — auch nach dem Erbfall nicht in die Konkursmasse fällt und zu dem auch die Forderung an B gehört, ist gemäß § 14 KO. und dem oben unter II Ausgeführten auch nach dem Tode des C dem Zugriffsrecht und damit der Aufrechnung der Konkursgläubiger entzogen. Das verlangt insbesondere die Rücksichtnahme auf diejenigen Nachlaßgläubiger, die nicht Konkursgläubiger sind.

Infolgedessen ist dem Konkursgläubiger die Aufrechnung seiner Konkursforderung gegen die konkursfreie Forderung des Gemeinschuldners auch nach dem Tode des letzteren gegenüber dessen Erben versagt.

2. Der Konkursgläubiger (B) konnte zu Lebzeiten des Gemeinschuldners (C) aufrechnen, weil C nicht der ur-

[1]) Vgl. Jaeger, Erbenhaftung, S. 32 (anders noch Voraussetzungen eines Nachlaßkonkurses S. 4); Seuffert in d. Ztschr. f. Zivilproz. Bd. 32, S. 501, Schroeder S. 11, 36, 137; Mager S. 361.

sprüngliche Gemeinschuldner, sondern selbst Nachfolger in der Gemeinschuldnerrolle war und weil C für die Nachlaßschulden seines Rechtsvorgängers unbeschränkt haftete (vgl. oben § 9 II). Die Weiterführung des oben unter II behandelten Falles soll als Beispiel dienen. Dort hatte ein Gläubiger (A) des Konkursgläubigers (B) nach der Konkurseröffnung den Gemeinschuldner (C) beerbt. Wir hatten gefunden, daß B nur im Falle unbeschränkter Haftung des A für die Nachlaßverbindlichkeiten aufrechnen darf. Es fragt sich, ob und wie sich die Rechtslage verändert, wenn nunmehr A stirbt und von einem Dritten (X) beerbt wird.

Es steht wiederum außer Zweifel, daß die Frage, ob X für die Nachlaßverbindlichkeiten des A beschränkt oder unbeschränkt haftet, unerheblich ist. Denn die Forderung, gegen die B aufrechnen will, ist eine Forderung des Nachlasses und keine Privatforderung des Erben X.

Es bleibt vielmehr auch hier alles beim alten. Die Tatsache, daß B wegen der unbeschränkten Haftung des A zu dessen Lebzeiten aufrechnen konnte, muß auch nach dem Tode des A weiter wirken. Wenn zu Lebzeiten des A dessen Privatvermögen für die Forderung des B haftete, so bedeutet das im Falle seines Todes, daß für diese Forderung aus seinem Nachlaß Befriedigung verlangt werden kann. Da die Forderung an B aber Bestandteil dieses Nachlasses ist, so bleibt auch nach dem Tode des A dem B die Aufrechnung gestattet.

III. Kapitel.

Die Aufrechnung eines Nichtkonkursgläubigers gegen eine konkursexigible Forderung des Gemeinschuldners.

§ 10.

Die Aktivforderung entsteht erst nach der Konkurseröffnung oder wird erst nach der Konkurseröffnung zu einer Forderung an den Gemeinschuldner.

I. Ein Gläubiger des Gemeinschuldners, der nicht Konkursgläubiger ist, kann gegen eine zur Konkursmasse gehörige — konkursexigible — Gegenforderung des Gemeinschuldners dann nicht aufrechnen, wenn seine Forderung erst nach Konkurseröffnung entstanden ist. Das ergibt sich ohne weiteres aus § 55 Nr. 2 KO. und § 392 BGB.: Er hat die Aktivforderung erst nach der Beschlagnahme der Passivforderung erworben, und es kommt gar nicht darauf an, ob er die Passivforderung vor oder nach der Konkurseröffnung erworben hat. Wenn auch nur im ersten Falle § 55 Nr. 2 KO. zutrifft, so muß doch auch im zweiten Falle die Aufrechnung unzulässig sein, und zwar gemäß § 392 BGB.

II. Es ist nun der Fall zu behandeln, daß die Aktivforderung zwar nicht erst nach Konkurseröffnung entstanden ist, daß sie sich aber erst nach diesem Zeitpunkt gegen den Gemeinschuldner gerichtet hat. Dieser Fall wird klar an den oben in § 1 III erwähnten Erbfällen Nr. 17 und 18.

1. Wenn der Gemeinschuldner C nach Konkurseröffnung einen Schuldner E seines an die Konkursmasse zahlungspflichtigen Schuldners D beerbt, so lautet die Frage: Kann D seine ursprünglich gegen E gerichtete Forderung an C gegen die zur Konkursmasse gehörige Forderung des C gegen sich aufrechnen?

a) Es scheint zunächst der Tatbestand des § 55 Nr. 2 KO. vorzuliegen: D war vor Eröffnung des Verfahrens dem Gemeinschuldner etwas schuldig und ist nach der Eröffnung sein Gläubiger geworden. Dennoch liegt der Fall etwas anders als der regelmäßige Fall des § 55 Nr. 2 KO. Denn hier handelt es sich für D weder um eine erst nach Konkurseröffnung entstandene noch um eine zwar schon vor Konkurseröffnung für einen andern Gläubiger entstandene, aber erst nach Konkurseröffnung auf ihn übergegangene Forderung. Vielmehr liegt hier eine Aktivforderung vor, die sich zwar erst nach Konkurseröffnung gegen den Gemeinschuldner gerichtet hat, die aber trotzdem bereits vorher und zwar gegen einen anderen Schuldner zugunsten des D bestanden hat. Es ist zu prüfen, ob § 55 Nr. 2 KO. auch dann gilt, wenn der Schuldner des Gemeinschuldners zwar die zur Aufrechnung zu verwendende Forderung schon vor Konkurseröffnung erworben hat, wenn aber erst nach Konkurseröffnung der Gemeinschuldner sein Schuldner geworden ist.

Zweifel über die Anwendbarkeit des § 55 Nr. 2 KO. können hier deshalb entstehen, weil diese Bestimmung, wie bereits näher ausgeführt worden ist, nur die Wiederholung des schon in § 392 BGB. ausgesprochenen Grundsatzes ist, daß durch die Beschlagnahme einer Forderung die Aufrechnung einer dem Schuldner gegen den Gläubiger zustehenden Gegenforderung nur dann ausgeschlossen sein soll, wenn der Schuldner die letztere erst nach der Beschlagnahme erworben hat. Nun bestand in unserem Falle die Forderung des D bereits vor der mit Konkurseröffnung eintretenden Beschlagnahme der Forderung des C gegen D, wenn sie auch noch nicht gegen C, sondern gegen den unbeteiligten E gerichtet war. Und es ist zu untersuchen, ob gemäß §§ 55 Nr. 2 KO. und 392 BGB. die Aufrechnung nur dann unzulässig ist, wenn die zur Aufrechnung benutzte Forderung erst nach der Beschlagnahme vom Schuldner der Passivforderung erworben worden ist; oder ob es genügt, daß die zur Aufrechnung benutzte Forderung schon vor der Beschlagnahme zugunsten des Schuldners entstanden war und erst nach der Beschlagnahme sich gegen den Gläubiger der beschlagnahmten Forderung gerichtet hat. Die Frage ist dieselbe im Konkurse wie bei der Einzelzwangsvollstreckung. Sie ist jedoch anscheinend bisher bei keinem dieser Rechtsinstitute behandelt worden. Bei der folgenden Erörterung soll der Einfachheit halber von einem Beispiel der Einzelzwangsvollstreckung ausgegangen und das sich dabei herausstellende Ergebnis auf den Konkurs angewandt werden.

Angenommen, der nicht im Konkurs befindliche C sei Gläubiger einer Forderung gegen D von 1000 und D sei Gläubiger einer Forderung gegen E ebenfalls von 1000. Die Forderung des C gegen D sei zugunsten des B gepfändet.

Bei Nichtanwendung des § 392 BGB. würde, wenn nach der Beschlagnahme der Forderung des C gegen D der C anstelle des E Schuldner des D würde, D durch Aufrechnung seiner ursprünglich gegen E, jetzt gegen C, gerichteten Forderung seine Schuld an C tilgen können. Die Pfändung der Forderung des C gegen D durch B würde für letzteren nutzlos gewesen sein.

Das kann der Gesetzgeber unmöglich gewollt haben. Bei Zulässigkeit der Aufrechnung würden es C, D und E in der Hand haben, den B dadurch zu schädigen, daß sie die Tilgung der gepfändeten Forderung durch Aufrechnung veranlaßten. Wenn C mit D und E einig wäre, könnte er im Wege des § 414 oder § 415 BGB. die Schuld des E an D übernehmen und dann den D zur Erklärung der Aufrechnung veranlassen. Durch diese Handlungsweise würden sie den B um den Erfolg seiner Pfändung bringen können. Das würde gegen den Sinn des § 392 BGB. verstoßen. Es muß daher § 392 BGB. auch auf den Fall Anwendung finden, daß ein Schuldner einer beschlagnahmten Forderung nach der Beschlagnahme Gläubiger des Gläubigers der beschlagnahmten Forderung wird, wenn seine Forderung zwar bereits vor der Beschlagnahme bestanden hat, aber damals noch gegen einen anderen Schuldner gerichtet war.

Da § 55 Nr. 2 KO. nur ein Anwendungsfall des § 392 BGB. ist, so muß auch in dem entsprechenden Konkursfalle die Aufrechnung unzulässig sein. Es kann daher ein Schuldner des Gemeinschuldners, dessen Schuld dem Konkurspfandrecht unterliegt, nicht aufrechnen mit einer zwar schon vor Konkurseröffnung gegen einen Dritten, aber erst nach Konkurseröffnung gegen den Gemeinschuldner gerichteten Forderung. Es würde dies dem Konkurspfandrecht der Konkursgläubiger widersprechen.

2. Auch der umgekehrte Fall, daß ein Schuldner (E) eines Schuldners (D) des Gemeinschuldners (C) nach Konkurseröffnung den Gemeinschuldner beerbt, fällt unter § 55 Nr. 2 KO. Auch hier würde die Zulässigkeit der Aufrechnung dem Beschlagsrecht der Konkursgläubiger widersprechen und muß demnach als gegen die §§ 392 BGB., § 55 Nr. 2 KO. verstoßend ausgeschlossen sein.

Der Fall scheint allerdings dem Wortlaut nach nicht unter § 55 Nr. 2 KO. zu fallen; denn dem jetzigen Gemeinschuldner E ist D erst nach Konkurseröffnung etwas schuldig geworden, und eine Forderung gegen den jetzigen Gemeinschuldner E hat D nicht erst nach, sondern bereits vor Konkurseröffnung erlangt. Aber die Bestimmung des § 55 Nr. 2 KO. ist nicht dem Buchstaben, sondern dem Sinne nach auszulegen. Es muß hier die Tatsache berücksichtigt werden, daß während des Konkurses die Gemeinschuldnerrolle gewechselt hat. Gemeint ist in § 55 Nr. 2 KO. nicht, daß es die P e r s o n d e s a u g e n b l i c k l i c h e n Gemeinschuldners sein soll, an die, wenn die Aufrechnung unzulässig sein soll, vor Konkurseröffnung eine Schuld und nach Konkurseröffnung eine Forderung erworben sein muß. Der Sinn dieser Bestimmung ist vielmehr folgender: Die Aufrechnung soll dann unzulässig sein, wenn vor Konkurseröffnung eine Schuld an diejenige Person bestanden hat, die mit Konkurseröffnung Gemeinschuldner wurde und wenn nach Konkurseröffnung dieser Schuld eine Forderung gegenübergetreten ist, die entweder wie hier nicht Konkursforderung ist oder zwar Konkursforderung ist, aber erst nach Eröffnung des Verfahrens vom Schuldner der Passivforderung erworben worden ist. Das geht daraus hervor, daß der Zweck der §§ 392 BGB. und 55 Nr. 2 KO. dahin geht, das Pfandrecht der Konkursgläubiger nach Konkurseröffnung nicht mehr zu verkürzen, vielmehr das sämtliche im Konkurs befangene Vermögen für die bevorzugte Befriedigung der Konkursgläubiger zu erhalten. Infolgedessen muß, wenn während des Konkurses die Gemeinschuldnerrolle wechselt und der Schuldner des ursprünglichen Gemeinschuldners bereits vor Konkurseröffnung eine Forderung an den Nachfolger in der Gemeinschuldnerrolle hatte, die Aufrechnung dieser Forderung gegen die dem Beschlagsrecht der Konkursgläubiger unterliegende Forderung unzulässig sein[1]).

§ 11.
Bestehen der Aktivforderung bei Konkurseröffnung gegen den Gemeinschuldner.

Eine bereits vor Konkurseröffnung gegen den Gemeinschuldner gerichtete Nichtkonkursforderung kommt nur in § 63 Nr. 3 und Nr. 4 KO. vor. Für die Frage der Aufrechnung kommt § 63 Nr. 3 KO. nicht in Betracht, da Geldstrafen als Forderungen öffentlich-rechtlicher Natur nicht aufrechenbar sind[2]).

Es fragt sich daher lediglich, ob jemand, der bereits bei Konkurseröffnung aus einer Freigebigkeit des Gemeinschuldners eine Forderung hatte, die er gemäß § 63 Nr. 4 KO. im Konkursverfahren nicht geltend machen kann, im Konkurs gegen eine bereits bei Konkurseröffnung dem Gemeinschuldner zustehende, also konkursexigible Forderung aufrechnen kann.

Bei der Behandlung ist zu unterscheiden, ob die Forderung des Gemeinschuldners bereits bei Konkurseröffnung gegen den Gläubiger der Aktivforderung gerichtet war oder dieser erst nach Konkurseröffnung durch Beerbung des ursprünglichen Schuldners Schuldner des Gemeinschuldners geworden ist[3]).

I. Forderung und Schuld standen sich bereits bei Konkurseröffnung gegenüber.

1. Von der herrschenden Lehre[4]) wird hier die Aufrechnung für zulässig erklärt und zwar im wesentlichen deshalb, weil die Konkursordnung die Aufrechnung nicht ausdrücklich ausschließe und weil sämtliche Erfordernisse des bürgerlichen Rechts für ihre Zulässigkeit hier vorlägen. Man wird dies im Ergebnis billigen müssen, wenn auch die Nichterwähnung im Gesetz noch nicht die Zulässigkeit der Aufrechnung beweist.

2. Vor der eigenen Begründung wird zweckmäßig zunächst die ausführliche Behandlung dieses Falles durch

---

1) Ebenso: Schroeder S. 36.
2) Vgl. Lang S. 138.
3) Ebenso Oetker, S. 232; a. A.: Jaeger § 53 Anm. 7.
4) Jaeger § 53 Anm. 7; Oetker S. 253; v. Voelderndorff S. 567; Hellmann S. 192; v. Wilmowski § 53 Anm. 6; v. Sarwey-Bossert § 53 Anm. 4; Petersen-Kleinfeller § 53 Anm. 3a; Fitting S. 259; Weigelin S. 53; RG. in der Jurist. Wochenschrift 1907, S. 275 ff.

Lang[1]), der abweichend von der herrschenden Lehre die Aufrechnung ausschließen will, geprüft werden.

a) Lang schließt die Unzulässigkeit der Aufrechnung einmal aus § 53 KO. Er argumentiert so: Aus dem Wortlaut dieses Paragraphen ergebe sich, daß er nur von Konkursforderungen handele (verbo: „braucht seine Forderung im Konkursverfahren nicht geltend zu machen"). Seine Bedeutung sei, daß er einem im Moment der Konkurseröffnung bereits erworbenen Aufrechnungsrecht seine Kraft bewahre, wenn die Forderung des Aufrechnungsberechtigten eine Konkursforderung sei. Daraus folgert Lang durch Gegenteilsschluß, daß das im Moment der Konkurseröffnung bereits bestehende Aufrechnungsrecht dann wegfalle, wenn die Forderung des Berechtigten keine Konkursforderung sei. § 53 KO. gelte ja für diesen Fall nicht.

Dieser Schluß ist irrtümlich. Wenn § 53 KO. nur Konkursforderungen im Auge hat und für sie das bereits erworbene Aufrechnungsrecht aufrecht erhält, so kommt damit noch nicht zum Ausdruck, daß bei nicht anmeldbaren Forderungen das Gegenteil gelten müsse[2]).

Langs Argumentation, daß das bereits bei Konkurseröffnung bestehende Aufrechnungsrecht bei nicht anmeldbaren Forderungen deshalb untergehen müsse, weil in § 53 KO. lediglich das bei Konkurseröffnung bereits bestehende Aufrechnungsrecht der Konkursgläubiger aufrecht erhalten werde, ist aber auch deshalb unrichtig, weil Lang die Bedeutung des § 53 KO. überschätzt. § 53 KO. bringt nämlich gar nicht zum Ausdruck, wie Lang behauptet und wovon seine Beweisführung ausgeht, daß bereits bei Konkurseröffnung bestehende Aufrechungsrechte für Konkursforderungen erhalten bleiben, sondern daß, wenn solche Aufrechnungsrechte bestehen, die betreffenden Konkursgläubiger sich nicht am Konkursverfahren zu beteiligen brauchen. Und erst aus den in §§ 54 und 55 KO. behandelten Fällen wird ersichtlich, wann trotz des Konkursverfahrens Aufrechnungsrechte bestehen bleiben und wann nicht. Wenn also § 53 KO. weiter nichts besagt, als daß ein Konkursgläubiger am Konkursverfahren sich nicht zu beteiligen braucht, wenn er zu einer Aufrechnung befugt ist, aber gar nichts darüber besagt, wann er aufrechnen kann, so folgt daraus, daß er über die Erfordernisse des Aufrechnungsrechts der Konkursgläubiger gar nichts besagt. Ist letzteres aber richtig, so kann erst recht nicht aus § 53 KO.

---

[1]) Lang S. 137 ff.

[2]) Vgl. auch v. Sarvey-Bossert, § 53 Anm. 4 und Jaeger a. a. O.

durch Umkehrschluß entnommen werden, wann ein Nichtkonkursgläubiger aufrechnen kann und daß er deshalb nicht aufrechnen kann, weil § 53 KO. nur für Konkursgläubiger die Aufrechterhaltung bei Konkurseröffnung bereits bestehender Aufrechnungsrechte bestimme.

b) Lang folgert die Unzulässigkeit der Aufrechnung im vorliegenden Falle außerdem aus § 55 Nr. 2, Fall 1 KO. Das diesem Fall zugrunde liegende Prinzip sei, daß eine Forderung, die als Nichtkonkursforderung keine Beziehung zur Konkursmasse habe, auch nicht zur Aufrechnung gegenüber dieser solle benutzt werden können. Die Richtigkeit dieses in § 55 Nr. 2, Fall 1 KO. zum Ausdruck gekommenen Prinzips ist insoweit zuzugeben, als die Nichtkonkursforderung nach Eröffnung des Verfahrens entstanden oder erworben worden ist. Es ist zu unterscheiden, ob eine Nichtkonkursforderung vor oder nach Eröffnung des Verfahrens gegen den Gemeinschuldner entstanden ist. Das ergibt sich deutlich, wenn man von den oben bereits behandelten Einwirkungen der Konkurseröffnung auf die materiellen Rechtsbeziehungen der am Konkursverfahren unmittelbar und mittelbar Beteiligten ausgeht. Wie dort bereits dargestellt worden ist, entsteht mit Konkurseröffnung ein Pfandrecht oder Beschlagsrecht der Konkursgläubigerschaft an der Konkursmasse. Da diesem Pfandrecht auch die bei Konkurseröffnung bestehenden Forderungen des Gemeinschuldners als Teile der Konkursmasse unterliegen, so unterliegt auch die Schuld unseres Nichtkonkursgläubigers der Beschlagnahme. Da aber nach § 392 BGB. der Schuldner einer beschlagnahmten Forderung dann mit seiner Gegenforderung nicht aufrechnen kann, wenn er diese erst nach der Beschlagnahme erworben hat, so muß die Aufrechnung einer nach Konkurseröffnung erworbenen Forderung gegen eine konkursexigible Schuld unzulässig sein. Anders jedoch steht es, wenn die Gegenforderung des Drittschuldners bei Konkurseröffnung bereits bestanden hat. In diesem Falle hindert die zwischen Entstehung des Aufrechnungsrechts und Aufrechnungserklärung erfolgte Beschlagnahme der Forderung gegen den Aufrechnenden an sich das Erlöschen der beiderseitigen Forderungen mit Aufrechnungserklärung nicht. Denn in diesem Falle trifft weder § 55 KO. noch § 392 BGB. zu.

Dies beweist insbesondere auch folgender analoge Fall aus dem Recht der Einzelzwangsvollstreckung: Wenn im Wege der Einzelzwangsvollstreckung eine Forderung beschlagnahmt wird und für den Pfändungsgläubiger dadurch gemäß § 804 ZPO. ein Pfandrecht an der Forderung entsteht, so hindert die Entstehung dieses Pfandrechts den Schuldner der gepfändeten Forderung (Drittschuldner) nicht, seinerseits das Erlöschen der Forderung durch Aufrechnung einer ihm gegen den Vollstreckungsschuldner zustehenden Gegenforderung zu bewirken, wenn nicht der § 392 BGB. im Wege steht, d. h. wenn der Drittschuldner seine Forderung nicht erst nach der Beschlagnahme erworben hat oder wenn seine Forderung nicht erst nach der Beschlagnahme und später als die in Beschlag genommene Forderung fällig geworden ist.

Wenn also der Drittschuldner bereits vor der Beschlagnahme gegen die Forderung des Vollstreckungsschuldners aufrechnen konnte, so bleibt ihm dieses Aufrechnungsrecht auch nach der Beschlagnahme erhalten.

Rechtlich genau so gelagert ist unser Konkursfall. Wie dort die Zustellung des Pfändungsbeschlusses die Beschlagnahme der Forderung des Vollstreckungsschuldners zugunsten des Vollstreckungsgläubigers bewirkt, so hat hier die Konkurseröffnung die Beschlagnahme der Forderung des Gemeinschuldners gegen dessen Schuldner zugunsten der Konkursgläubigerschaft zur Folge.

Wenn aber trotz dieser Beschlagnahme im Falle der Einzelvollstreckung der Drittschuldner durch Aufrechnung mit einer ihm gegen den Vollstreckungsschuldner zustehenden Gegenforderung die Forderung des Vollstreckungsschuldners gegen ihn tilgen kann, so kann auch nicht gemäß § 55 Nr. 2 KO. die Beschlagnahme durch die Konkurseröffnung dem Schuldner des Gemeinschuldners die Möglichkeit nehmen, mit einer ihm gegen diesen zustehenden, bereits vor Konkurseröffnung erworbenen Gegenforderung gegen seine ebenfalls vor Konkurseröffnung entstandene Schuld an den Gemeinschuldner aufzurechnen.

3. Wenn auch die Argumente L a n g s nicht zutreffen, wonach sich aus §§ 53 und 55 Nr. 2 KO. die Unzulässigkeit der Aufrechnung einer vor Konkurseröffnung entstandenen Nichtkonkursforderung — insbesondere einer Forderung aus § 63 Nr. 4 KO. — gegen eine dem Konkurspfandrecht unterliegende Schuld an den Gemeinschuldner ergebe, so ist doch noch zu prüfen, ob nicht aus einem ganz anderen Grunde die Aufrechnung unstatthaft ist. Es ist in Erwägung zu ziehen, daß § 63 Nr. 4 KO. die Forderung des aus einer Freigebigkeit des Gemeinschuldners Berechtigten vor den anderen bei Eröffnung des Konkursverfahrens bestehenden Forderungen gegen den Gemeinschuldner offenbar zurücksetzen will. Denn in der Bestimmung, daß er sich am Konkursverfahren nicht be-

teiligen darf, ist enthalten, daß ihm vom Zeitpunkt der Eröffnung des Konkurses an dasjenige Vermögen des Gemeinschuldners nicht mehr haftet, das diesem zur Zeit der Eröffnung des Konkursverfahrens gehörte. Wenn sich der aus der Freigebigkeit des Gemeinschuldners Berechtigte aber für seine Forderung dadurch Befriedigung verschafft, daß er diese gegen seine dem Konkurspfandrecht unterliegende Schuld an den Gemeinschuldner aufrechnet, so würde zu seiner Befriedigung im Widerspruch zu den Bestimmungen des Gesetzes ein Vermögensstück der Konkursmasse haften.

Dennoch kann diese Erwägung nicht zum Ausschluß der Aufrechnung führen; und zwar aus folgenden Gründen nicht: Es möge angenommen werden, daß der aus einer Freigebigkeit des Gemeinschuldners Berechtigte nicht gleichzeitig Schuldner des Gemeinschuldners ist, daß ihm aber für seine Forderung gegen den letzteren ein zur Konkursmasse gehöriger Gegenstand verpfändet ist. In diesem Falle würde er, obwohl ihm die Konkursmasse als solche für seine Forderung von Eröffnung des Konkursverfahrens ab nicht haftet, dennoch aus einem Vermögensstück derselben, nämlich aus dem verpfändeten Gegenstand abgesonderte und gegebenenfalls volle Befriedigung erhalten können. Denn gemäß § 48 KO. können während des Konkurses sämtliche Pfandgläubiger — nicht nur Konkursgläubiger — an den ihnen verpfändeten Gegenständen der Konkursmasse abgesonderte Befriedigung verlangen; dieses Recht steht ja selbst denjenigen Personen zu, denen ein Gegenstand der Konkursmasse für eine Forderung gegen einen Dritten als Pfand haftet.

In derselben Weise, wie es einem aus einer Freigebigkeit des Gemeinschuldners Berechtigten gestattet ist, nach Eröffnung des Konkursverfahrens auf einen ihm zur Sicherung dieser Forderung verpfändeten Gegenstand der Konkursmasse zu greifen, muß er aber auch berechtigt sein, dadurch für seine Forderung sich Deckung zu verschaffen, daß er sie gegen eine dem Gemeinschuldner gegen ihn selbst zustehende Forderung aufrechnet. Das ergibt sich aus der Rechtsähnlichkeit des Rechtes zur Aufrechnung mit dem Pfandrecht, insbesondere mit dem Pfandrecht an einer Forderung. Pfandrecht an einer Forderung und Aufrechnungsbefugnis dienen dem gleichen Zweck, nämlich der Sicherung und eventuellen Befriedigung einer Forderung durch ein bevorzugtes Zugriffsrecht des Gläubigers auf eine Forderung des Schuldners. Daß es sich bei dem Aufrechnungsrecht um das Recht auf bevorzugte Befriedigung aus einer

Forderung des Schuldners gegen den Gläubiger selbst handelt, ist keine Besonderheit. Auch beim Pfandrecht an einer Forderung ist es denkbar, daß die verpfändete Forderung dem Pfandschuldner gegen den Pfandgläubiger selbst zusteht (Pfandrecht an eigener Schuld).

Es ist daher mit Recht in der Literatur die Aufrechnungsbefugnis mit dem Pfandrecht verglichen worden[1]); ja, von einigen ist sie als ein gesetzliches Pfandrecht an der eigenen Schuld konstruiert worden[2]). Selbst wenn man aber diese Konstruktion, über deren Berechtigung hier nicht näher gesprochen werden kann, ablehnt, kann man die Ähnlichkeit des Aufrechnungsrechts mit dem Pfandrecht an der eigenen Schuld nicht ableugnen. Sie kommt insbesondere auch in der ähnlichen Regelung des Absonderungs- und des Aufrechnungsrechts in der Konkursordnung zum Ausdruck[3]). Vergleiche dafür insbesondere §§ 15 und 47 ff. KO. einerseits und §§ 53 ff. KO. andererseits. Infolgedessen kommt für das Aufrechnungsrecht zum mindesten eine analoge Anwendung passender Bestimmungen des Absonderungsrechts in Frage. Es kann daher keinen grundsätzlichen Unterschied machen, ob der aus einer Freigebigkeit des Gemeinschuldners Berechtigte zu seiner Befriedigung nach Konkurseröffnung auf eine ihm zur Sicherung seiner Forderung verpfändete Forderung des Gemeinschuldners gemäß § 48 KO. oder auf eine ihm zwar nicht verpfändete, dafür aber gegen ihn selbst gerichtete Forderung des Gemeinschuldners greift, die er vor Konkurseröffnung zweifellos zu seiner Befriedigung verwenden durfte. Die Aufrechnung ist daher auch nach Konkurseröffnung grundsätzlich zulässig.

4. Jedoch bestehen zahlreiche Ausnahmen von diesem Grundsatz. Eine Ausnahme findet zunächst in dem Fall statt, in dem der Berechtigte seine Forderung erst nach der Schuld durch ein Schenkungsversprechen des Gemeinschuldners oder durch Rechtsabtretung oder Befriedigung eines Gläubigers erworben hat, falls ihm zur Zeit des Erwerbes bekannt war, daß der Gemeinschuldner seine Zahlungen eingestellt hatte oder daß die Eröffnung des Verfahrens beantragt war. § 55 Nr. 3 KO. Denn aus der Deutung des § 55 Nr. 3 KO. als einer Erweiterung des in den §§ 392 BGB. 55 Nr. 2 KO. zum Ausdruck gebrachten Grundsatzes (vgl. oben § 6) ergibt sich, daß es für die Anwendbarkeit

---

[1]) Motive S. 266; Lang S. 77; Schrutka S. 20 ff.

[2]) Weigelin, Das Recht zur Aufrechnung als Pfandrecht an der eigenen Schuld. 1904.

[3]) Vgl. Motive S. 226.

dieser Bestimmungen keinen Unterschied machen kann, ob die vom Drittschuldner in kritischer Zeit erworbene Forderung an den Gemeinschuldner eine Konkursforderung ist oder nicht. Es kommt auf den Charakter der Forderung des Drittschuldners nicht an, es kommt vielmehr lediglich darauf an, ob die Forderung des Gemeinschuldners bereits beschlagnahmt ist oder ob doch zu Ungunsten des Drittschuldners ihre Beschlagnahme unterstellt wird (anders Lang S. 269).

Häufig wird schon dadurch die Aufrechnung ausgeschlossen sein, daß die Forderung des Gläubigers mit der Anfechtungseinrede gemäß § 41 Abs. 2 KO. behaftet sein wird und infolgedessen gemäß § 390 BGB. nicht zur Aufrechnung benutzt werden kann. In folgenden Fällen nämlich würde die Forderung des Gläubigers mit der Einrede des Anfechtungsanspruches behaftet sein:

a) Wenn das Schenkungsversprechen in dem letzten Jahre vor der Eröffnung des Verfahrens von dem Gemeinschuldner abgegeben worden ist (§ 32 Nr. 1 KO.)[1].

b) Wenn es in den letzten 2 Jahren vor Eröffnung des Konkurses von dem Gemeinschuldner zugunsten seines Ehegatten abgegeben worden ist (§ 32 Nr. 2 KO.).

c) Ohne Rücksicht auf den Zeitpunkt der Abgabe des Versprechens, wenn es der Gemeinschuldner abgegeben hat in der dem Beschenkten bekannten Absicht, seine Gläubiger zu benachteiligen (§ 33 KO.).

d) Dagegen kommt hier eine Anfechtung allein aus dem Gesichtspunkte des § 30 Nr. 1 Abs. 1 KO. kaum in Betracht. Denn da nach § 33 KO. Rechtshandlungen, die früher als 6 Monate vor der Eröffnung des Verfahrens erfolgt sind, aus dem Grunde einer Kenntnis der Zahlungseinstellung nicht angefochten werden können, so müssen sämtliche nach § 30 Nr. 1 Abs. 1 KO. möglichen Anfechtungsfälle, wenigstens soweit sie auf Kenntnis der Zahlungseinstellung gestützt werden, bei einer unentgeltlichen Verfügung auch unter § 32 KO. fallen. Dem § 30 Nr. 1 Abs. 1 KO. kommt daher nur dann selbständige Bedeutung zu, wenn das Schenkungsversprechen über ein Jahr vor der Konkurseröffnung abgegeben worden ist und dem Berechtigten zur Zeit der Abgabe des Versprechens bekannt war, daß bereits Konkurseröffnung beantragt worden war.

II. Dagegen ist die Aufrechnung stets unstatthaft, wenn der bereits bei Konkurseröffnung aus einer Freigebigkeit

[1]) Denn es fällt unter den Begriff der „unentgeltlichen Verfügung". Vgl. dazu die Ausdrücke „Verfügung von Todes wegen", „letztwillige Verfügung" und Jaeger § 32 Anm. 3.

des Gemeinschuldners (C) Berechtigte (B) erst nach Konkurseröffnung — etwa durch Beerbung eines Schuldners (D) des Gemeinschuldners — an den Gemeinschuldner eine zur Konkursmasse zu erfüllende Schuld schuldig wird [1]). Hier versagt die Analogie mit dem Pfandrecht, da gemäß § 15 KO. nach Konkurseröffnung Pfandrechte an Gegenständen der Konkursmasse mit Wirksamkeit gegenüber den Konkursgläubigern nicht mehr erworben werden können. Vielmehr muß hier die Tatsache, daß § 63 Nr. 4 KO. die Forderung des aus einer Freigebigkeit Berechtigten dadurch, daß er sie nicht als Konkursforderung anerkennt, vor anderen Forderungen zurücksetzt, die Aufrechnung ausschließen. Denn die Bedeutung des § 63 Nr. 4 KO. geht dahin, daß während des Konkurses die Konkursmasse den lediglich aus einer Freigebigkeit des Gemeinschuldners Berechtigten nicht haften soll.

IV. Kapitel.

Sonstige Fälle der Aufrechnung im Konkurs.

§ 12.

Die Aufrechnung eines Nichtkonkursgläubigers gegen eine konkursfreie Forderung des Gemeinschuldners oder gegen eine Forderung der Gläubigerschaft.

I. Die Aufrechnung einer vor oder nach Konkurseröffnung erworbenen Forderung an den Gemeinschuldner, die nicht Konkursforderung ist, gegen eine nicht zur Konkursmasse gehörige Forderung des Gemeinschuldners ist nur nach bürgerlichem Recht zu beurteilen [2]). Denn sowohl Aktiv- wie Passivforderung haben keine Beziehung zur Konkursmasse. Daraus folgt, daß im allgemeinen die Aufrechnung zulässig ist [3]). Unzulässig ist sie jedoch insbesondere dann, wenn die Passivforderung bei Konkurseröffnung zugunsten des — damaligen — Gemeinschuldners bestanden hat. Denn da sie in diesem Falle eine unpfändbare sein muß, — anderenfalls wäre sie zur Konkursmasse gezogen worden — so gilt § 394 BGB.

II. Die Aufrechnung einer vor oder nach Konkurseröffnung erworbenen Nichtkonkursforderung an den Gemein-

---

[1]) Ebenso: Oetker S. 232; Endemann S. 198; Fitting S. 259; v. Wilmowski § 53 Anm. 6; a. A.: Jaeger a. a. O.

[2]) Vgl. Jaeger § 53 Anm. 34.

[3]) Vgl. Seuffert S. 234; Oetker S. 232.

schuldner gegen eine erst nach Konkurseröffnung zugunsten der Konkursmasse entstandene Schuld ist unzulässig; da die letztere der Konkursgläubigerschaft zusteht, so schließt § 55 Nr. 1 KO. infolge des Mangels der Gegenseitigkeit (§ 387 BGB.) die Aufrechnung aus. Denn die Beschränkungen des § 55 KO. gelten auch für Nichtkonkursgläubiger (vgl. Lang S. 239, Jaeger § 55 Anm. 1).

§ 13.

Die Aufrechnung eines Massegläubigers.

I. Ein Massegläubiger kann gegen eine konkursfreie Gegenforderung des Gemeinschuldners nicht aufrechnen. Das ergibt sich aus § 387 BGB., wonach das Recht zur Aufrechnung Gegenseitigkeit der einander gegenüberstehenden Forderungen voraussetzt. Die Forderung des Massegläubigers ist aber, wie bereits oben ausgeführt worden ist, keine Forderung an den Gemeinschuldner, sondern eine Forderung an die Konkursgläubigerschaft.

II. Die Aufrechnung eines Massegläubigers gegen eine „Schuld zur Masse" im engeren Sinne, also in dem Sinne, daß diese Schuld nicht schon vor Konkurseröffnung zugunsten des Gemeinschuldners bestanden hat, d. h. nicht zur „Aktivmasse" gehört, ist zulässig[1]). Denn der erst nach Konkurseröffnung — insbesondere aus Rechtsgeschäften des Konkursverwalters — entstandenen „Schuld zur Masse" steht die Konkursgläubigerschaft und nicht der Gemeinschuldner als Berechtigte gegenüber. Da aber die Konkursgläubigerschaft gleichzeitig Schuldnerin des Massegläubigers ist, so ergibt sich, daß Aktiv- und Passivforderung des Erfordernisses der Gegenseitigkeit nicht entbehren. Gemäß § 387 BGB. ist daher die Aufrechnung statthaft.

III. Schwieriger ist die Frage, ob ein Massegläubiger seine Forderung an die Masse gegen eine vor Eröffnung des Verfahrens entstandene Forderung des Gemeinschuldners an ihn, also gegen eine zur Konkursmasse gehörige und dem Konkurspfandrecht unterliegende Forderung aufrechnen kann. Obwohl das auf den ersten Blick recht und billig erscheint, fragt es sich, ob nicht hier mangelnde Gegenseitigkeit die Aufrechnung ausschließt. Denn während die Forderung des Massegläubigers gegen die Gläubigerschaft geht, hat seine Schuld den Gemeinschuldner persönlich zum Gläubiger.

---

[1]) Seuffert S. 234; Oetker S. 231; Kohler, Lehrbuch, S. 216; Jaeger § 53 Anm. 34.

Dennoch kann die Zulässigkeit der Aufrechnung hier nicht gegen das Erfordernis der Gegenseitigkeit verstoßen und zwar aus folgendem Grunde: Bei der Einzelzwangsvollstreckung gibt der regelmäßig nach Zustellung des Pfändungsbeschlusses erfolgende Überweisungsbeschluß dem Pfändungsgläubiger das Recht, die gepfändete Forderung einzuziehen. Auf Grund der Überweisung kann der Vollstreckungsgläubiger sämtliche Rechtsgeschäfte vornehmen, die dem Zwecke der Erfüllung oder anderweitigen Befriedigung des auf ihn zur Einziehung übertragenen Forderungsrechts dienen. Insbesondere kann er daher auch, wenn er selbst Schuldner des Drittschuldners ist, durch Aufrechnung sich Deckung verschaffen. Dasselbe Recht steht auch umgekehrt dem Drittschuldner zu; auch dieser kann gegen die dem Vollstreckungsgläubiger zur Einziehung überwiesene Forderung des Vollstreckungsschuldners an ihn seine eigene Forderung an den Vollstreckungsgläubiger aufrechnen.

Ebenso liegt unser Fall. Die Konkurseröffnung gibt ja nicht nur analog der Pfändung in der Einzelvollstreckung der Konkursgläubigerschaft ein Pfandrecht an sämtlichen Gegenständen der Konkursmasse, sondern sie gibt gleichzeitig der Gläubigerschaft, vertreten durch den Konkursverwalter, das Recht, die zur Konkursmasse gehörigen Forderungen zu ihrer eigenen Befriedigung einzuziehen. Wie aber im Einzelvollstreckungsverfahren der Drittschuldner dem einziehungsberechtigten Vollstreckungsgläubiger gegenüber eine eigene Forderung an diesen zur Aufrechnung stellen kann, so muß auch im Konkurse der Drittschuldner der eintreibungsberechtigten Konkursgläubigerschaft gegenüber seine Schuld an den Gemeinschuldner durch Aufrechnung einer Masseforderung im Sinne des § 57 KO., d. h. einer Forderung an die Gläubigerschaft tilgen können[1].

V. Kapitel.

Die Einschränkungen der Aufrechnung im Konkurs als Folge der Einwirkung der Konkurseröffnung auf die materielle Rechtslage.

§ 14.

I. Am Schluß der Betrachtung über die Einschränkungen der Aufrechnung angelangt, ist es möglich, die rechtlichen Gesichtspunkte, die zu diesen Einschränkungen geführt

[1]) Vgl. Kohler S. 126; Jaeger § 55 Anm. 11.

haben, kurz zusammenzufassen. Sämtliche Einschränkungen des Aufrechnungsrechts, sei es der Konkurs —, sei es der Nichtkonkurs —, sei es der Massegläubiger, sind Konsequenzen der Einwirkungen der Konkurseröffnung auf die materiellen Rechtsverhältnisse[1]). Als die materiell-rechtlichen Einwirkungen der Konkurseröffnung, als deren Folgerungen sich die Einschränkungen des Aufrechnungsrechts ergeben haben, haben wir gefunden:

1. Die Beschlagnahme der Konkursmasse zugunsten der Gläubigerschaft.

2. Den Übergang der Verwaltungs- und Verfügungsbefugnis an der Konkursmasse auf den Konkursverwalter als Vertreter der Gläubigerschaft.

3. Den Ausschluß der Haftung des konkursfreien Vermögens des Gemeinschuldners für die Konkursforderungen während der Dauer des Konkurses.

Zu 1. Die Beschlagnahme der Konkursmasse durch die Konkurseröffnung zugunsten der Gläubigerschaft schließt jegliche Aufrechnung mit einer nach der Konkurseröffnung erworbenen Forderung gegen beschlagnahmte Forderungen aus[2]). § 55 Nr. 2 KO. ist insoweit eine Anwendung des § 392 BGB.

Zu 2. Der Übergang der Verwaltungs- und Verfügungsbefugnis an der Konkursmasse auf den Konkursverwalter als Vertreter der Gläubigerschaft bewirkt, daß Rechtsträger der nach Konkurseröffnung für die „Masse" entstandenen Forderungen und Schulden nicht der Gemeinschuldner, sondern die Gläubigerschaft ist. Infolgedessen können Massegläubiger nicht gegen konkursfreie Forderungen des Gemeinschuldners und Konkurs- und Nichtkonkursgläubiger nicht gegen „Schulden zur Masse" (im engeren Sinne) aufrechnen. § 55 Nr. 1 KO. ist eine Anwendung des § 387 BGB., insofern er die Gegenseitigkeit der Forderungen als Erfordernis des Aufrechnungsrechts aufstellt[3]) [4]).

---

[1]) Vgl. Kohler S. 125.

[2]) Zu beachten ist hierbei, daß, wenn Konkurseröffnung eingetreten ist, zu Ungunsten des Schuldners, der in Kenntnis der kritischen Lage des Gemeinschuldners eine Forderung erworben hat, beim Vorliegen gewisser Voraussetzungen unterstellt wird, daß die Beschlagnahme bereits bei Beginn der kritischen Zeit eingetreten sei. (Vgl. oben § 6.) Das spricht jedoch nicht gegen die Theorie, daß stets die Konkurseröffnung die Ursache des Aufrechnungsverbotes ist. Es ist das nur eine Art Zurückziehung der materiell-rechtlichen Einwirkungen der Konkurseröffnung.

[3]) Die Bestimmungen des § 55 Nr. 1—3 KO. als die Folge der „par condicio creditorum" hinzustellen — so Lang S. 76 ff. — ist nicht falsch. Nur werden dadurch noch nicht die Grenzen des Aufrechnungsverbotes deutlich: Denn wie insbes. die Tatsache zeigt, daß vor Konkurseröffnung bereits erworbene Aufrechnungsrechte in der Regel bestehen bleiben, ist

Zu 3. Da § 14 KO. die Haftung des konkursfreien Vermögens des Gemeinschuldners für Konkursforderungen von der Konkurseröffnung an für die Dauer des Konkurses ausschließt, so können Konkursgläubiger nicht gegen konkursfreie Forderungen des Gemeinschuldners aufrechnen.

II. Es ist hier noch einer Theorie Erwähnung zu tun, welche die Einschränkungen der Aufrechnung nicht als eine Folge der durch die Konkurseröffnung bewirkten Änderung der materiellen Rechtsverhältnisse, sondern als die Folge eines bereits mit der Vermögensnot[1]), d. h. mit der Zahlungseinstellung oder dem Eröffnungsantrag entstehenden „Konkursanspruchs" ansieht[2])[3]). Dieser auf gleichanteilige, gleichzeitige und bevorzugte Befriedigung aus der Konkursmasse gehende privatrechtliche Konkursanspruch würde verletzt werden, wenn die Bestimmungen des § 55 KO. nicht wären. Zwar widerspreche es an sich diesem Konkursanspruch, daß nach positivem Recht bereits vor der kritischen Zeit entstandene Aufrechnungsrechte erhalten blieben, aber das sei nur als die Folge der Tatsache aufzufassen, daß das Aufrechnungsrecht wie das Pfandrecht ein Deckungsrecht sei und daß, da ja ein Pfandgläubiger oder ein Aufrechnungsberechtigter schon vor der kritischen Zeit eine bevorzugte Stellung vor den übrigen Konkursgläubigern gehabt habe, Billigkeitsgründe dazu geführt hätten, ihm dieses Aufrechnungsrecht und Pfandrecht zu belassen[4]).

Aber nicht nur diese von Schrutka selbst erkannte „Ausnahme" von seiner Theorie ist es, die deren Mangel erkennen läßt[5]); vor allem sprechen folgende Umstände überzeugend gegen die Annahme, daß ein bereits mit der

der Grundsatz der par condicio creditorum nicht streng durchgeführt. Auch die oben in § 4 behandelte Zulässigkeit der Aufrechnung in dem Falle, daß ein Konkursgläubiger nach Konkurseröffnung eine konkursexigible Schuld an den Gemeinschuldner durch Erbfolge erwirbt, ist eine Ansnahme von dem Prinzip der par condicio creditorum.

[4]) Von den Theorien, die die Vorschriften des § 55 KO. als eine Verschärfung der Gegenseitigkeit und als eine dem § 15 KO. analoge Bestimmung auffassen, ist schon oben § 4 S. 23 gesprochen worden. Sie widersprechen dem oben in § 4 gefundenen Ergebnis, daß ein Konkursgläubiger, der nach Konkurseröffnung einen Schuldner zur Masse beerbt, aufrechnen kann.

[1]) Ausdruck von Schrutka S. 51.

[2]) So Motive S. 14 ff.; Schrutka S. 50 ff.; Schultze S. 9 ff.; Hilker S. 11 ff.; RG. Bd. 85, S. 39 ff.

[3]) Die Konkurseröffnung habe als solche keine weitere Bedeutung, als daß sie das Entstandensein dieses Konkursanspruchs sozusagen rechtskräftig feststelle. (Vgl. Schultze S. 11.)

[4]) Schrutka S. 38.

[5]) So Lang S. 82.

Vermögensnot entstehender Konkursanspruch die Ursache der Aufrechnungsbeschränkung sei:

1. Es müßten dann im Falle des § 55 Nr. 3 KO. nicht nur während des Konkurses, sondern auch bereits in der kritischen Zeit erfolgte Aufrechnungserklärungen wirkungslos sein[1]). Daß dies nicht der Fall ist, beweist der Wortlaut des § 55 Nr. 3 KO.[2]).

2. Vor allem aber dürfte dann nicht nur in dem Falle die Aufrechnung im Konkurs gemäß § 55 Nr. 3 KO. unzulässig sein, wenn der Gläubiger seine Forderung durch ein Rechtsgeschäft mit dem Gemeinschuldner oder durch Rechtsabtretung oder Befriedigung eines Gläubigers und in Kenntnis der Vermögensnot des Gemeinschuldners erworben hat, sondern auch die durch Universalsukzession oder in Unkenntnis der kritischen Lage erworbene Aktivforderung dürfte nicht zur Aufrechnung benutzt werden.

3. Noch mehr als die Bestimmung des § 55 Nr. 3 KO. spricht gegen Schrutkas Theorie, daß die zur Zeit des Erscheinens seines Buches (1881) geltende österreichische Konkursordnung von 1868, von der Schrutka ausgeht, noch nicht einmal eine dem § 55 Nr. 3 der deutschen Konkursordnung entsprechende Bestimmung enthält und daher auch während des Konkurses stets die Aufrechnung einer in kritischer Zeit erworbenen Forderung zuläßt.

Die Einschränkungen der Aufrechnung sind daher nicht Folgen des „Konkursanspruchs", sondern Folgen der Konkurseröffnung. Einen privaten gegen den Gemeinschuldner mit dessen Vermögensnot entstehenden Konkursanspruch gibt es gar nicht[3]); der Anspruch der Konkursgläubiger auf gleichmäßige und bevorzugte Befriedigung aus der Konkursmasse ist vielmehr ein publizistischer Anspruch gegen den Staat. Nur im Sinne eines solchen publizistischen Anspruchs, der als eine Unterart des „Rechtsschutzanspruches"[4]) aufzufassen ist, ist es angebracht, daß man von einem „Konkursanspruch" redet. Die systematische Bedeutung dieses publizistischen Konkursanspruchs tritt in Erscheinung bei der Konkursfeststellungsklage des § 146 KO. Die Konkursfeststellungsklage ist nämlich eine positive (§ 146 Abs. 1) oder eine negative (§ 146 Abs. 2) Feststellungsklage, gerichtet auf Feststellung des Bestehens oder Nichtbestehens des publizistischen Konkursanspruchs. Klaggegenstand der Konkursfeststellungsklage ist dieser publizistische Konkurs-

[1]) So auch folgerichtig RG., Bd. 85, S. 39 ff.
[2]) Vgl. auch oben § 6 II, 4.
[3]) Wach S. 21.
[4]) Vgl. Wach S. 21; Langheineken, Urteilsanspruch S. 45.

anspruch; sein Bestehen oder Nichtbestehen soll durch den Prozeß festgestellt werden. Daß Klaggegenstand dieser Konkursanspruch und nicht die Forderung gegen den Gemeinschuldner ist, ergibt sich daraus, daß ja die Forderung selbst gar nicht bestritten zu sein braucht. Der Widerspruch kann sich ja lediglich darauf richten, daß etwa die Forderung erst nach Konkurseröffnung entstanden sei oder daß sie aus einer Freigebigkeit des Gemeinschuldners herrühre (vgl. §§ 2, 63 Nr. 4 KO.)[1]).

Daß es aber auch die Entstehung dieses Anspruches gegen den Staat auf konkursmäßige Durchsetzung der Konkursforderungen nicht ist, als deren Folge die Aufrechnungsbeschränkungen sich darstellen, ergibt sich daraus, daß die Aufrechnung solange zulässig ist, als nicht Konkurseröffnung eingetreten ist.

VI. Kapitel.

Die Einschränkungen der Konfusion im Konkurs.

§ 15.

Es soll nunmehr noch in eine Behandlung der Rechtswirkungen eingetreten werden, die die Vereinigung von Recht und Verbindlichkeit in der Hand eines der am Konkurse beteiligten Personen zur Folge hat. Es handelt sich darum, ob, wenn sich B und C oder C und D gegenseitig beerben, die zwischen ihnen bestehenden Schuldverhältnisse erlöschen.

In der Regel erlischt ein Schuldverhältnis, wenn sich Forderung und Schuld in einer Hand vereinigen, insbesondere wenn der Gläubiger den Schuldner oder dieser jenen beerbt. Dies ist zwar im Gesetz nicht ausdrücklich ausgesprochen, ergibt sich aber mittelbar aus den §§ 1976, 2143 u. a. Bestimmungen des BGB. In diesen Bestimmungen wird nämlich für gewisse Sonderfälle (Nachlaßverwaltung, Nachlaßkonkurs, Eintritt der Nacherbfolge) das Erlöschen eines Schuldverhältnisses im Falle der Vereinigung von Gläubiger- und Schuldnerrolle in einer Person ausdrücklich ausgeschlossen oder mit rückwirkender Kraft für nicht erfolgt erklärt. Und aus diesem gesetzlichen Ausschluß der Konfusion in Sonderfällen muß geschlossen werden, daß im

---

[1]) Vgl. Langheineken, Urteilsanspruch S. 187 ff.

Regelfall ein Schuldverhältnis durch Vereinigung von Forderung und Schuld in einer Hand erlischt.

Inwieweit während des Konkurses Forderungen des Gemeinschuldners oder Forderungen an den Gemeinschuldner durch Konfusion erlöschen, hängt wieder von den verschiedenen Beziehungen der Forderungen zur Konkursmasse ab [1]).

I. Ein Nichtkonkursgläubiger B und der Gemeinschuldner C beerben sich nach Konkurseröffnung. Die Forderung des B hatte vor dem Erbfalle keine Beziehung zur Konkursmasse. Aber auch nach dem Erbfall wird sie durch den Konkurs nicht berührt.

1. Wenn C den B beerbt, so wird sie vom Konkurse deshalb nicht betroffen, weil sie als Forderung von C erst nach Konkurseröffnung erworben ist.

2. Wenn B den C beerbt, so fällt sie, obwohl B Nachfolger des Gemeinschuldners ist, da sie als Forderung Bestandteil des Eigenvermögens des B ist, nicht in die Konkursmasse [2]).

Es gelten somit in beiden Fällen lediglich die allgemeinen Vorschriften des bürgerlichen Rechtes, und es erlischt daher das Schuldverhältnis durch Konfusion.

II. Der Gemeinschuldner C und ein Schuldner einer konkursfreien Forderung des Gemeinschuldners (D) beerben sich. Auch hier gelten entsprechend dem zu I Ausgeführten nur die allgemeinen Vorschriften des bürgerlichen Rechts, da das Konkursverfahren auch auf diese Forderung keinen Einfluß hat. Es erlischt auch hier das Schuldverhältnis durch Konfusion.

III. Ein Konkursgläubiger B und der Gemeinschuldner C beerben sich. Auch hier liegt zwar eine Vereinigung von Forderung und Schuld in einer Hand vor. Denn die Konkursforderung ist ja auch nach Eröffnung des Verfahrens gegen den Gemeinschuldner gerichtet geblieben. Bei Anwendung des Grundsatzes, daß eine Vereinigung von Forderung und Schuld in einer Hand das Erlöschen des Schuldverhältnisses zur Folge hat, müßte also die Forderung des B gegen C erlöschen, wenn B den C oder C den B beerbt.

Es erleidet jedoch der Grundsatz der forderungstilgenden Wirkung der Vereinigung von Forderung und Schuld in einer Hand Ausnahmen. Dies ist insbesondere dann der Fall, wenn eine rechtliche Sonderung verschiedener Vermögensmassen einer Person eingetreten ist und letztere

---

[1]) Vgl. oben § 1 I, 1.

[2]) Vgl. § 9 II.

in ihrer Eigenschaft als Herr des einen Vermögenskreises Gläubiger, als Herr des anderen Vermögenskreises Schuldner ist. Diese Vermögenssonderung tritt stets zu einem bestimmten Zweck, vornehmlich zum Schutz und zugunsten bestimmter Personen ein. Das im Gesetz ausführlich geregelte Beispiel ist der Einfluß der Nachlaßverwaltung und des Nachlaßkonkurses. In diesen Fällen gelten gemäß § 1976 BGB. mit rückwirkender Kraft die infolge des Erbfalls durch Vereinigung von Recht und Verbindlichkeit erloschenen Rechtsverhältnisse als nicht erloschen, und zwar geschieht dies sowohl zugunsten der Nachlaßgläubiger, denen der gesamte Nachlaß für ihre Forderungen haften soll und die daher nicht durch ein Erlöschen von Forderungen des Erblassers infolge des Erbfalles geschädigt werden sollen, als auch zugunsten des Erben, der anderenfalls — insbesondere bei Überschuldung des Nachlasses — von dem Erbfall nicht nur keinen Vorteil, sondern, weil er für seine Forderungen gegen den Erblasser keine Befriedigung erhalten würde, noch Nachteil erleiden würde.

Derselbe Gesichtspunkt, der bei Nachlaßverwaltung und Nachlaßkonkurs das Erlöschen der Schuldverhältnisse durch Konfusion, d. h. durch Vereinigung ihrer aktiven und passiven Seite in einer Person verhindert, muß überall dort gelten, wo das Vermögen einer Person eine rechtliche Sonderung — insbesondere mit Bezug auf das Zugriffsrecht seiner Gläubiger — zugunsten irgend jemandes erfahren hat[1]).

Eine solche rechtliche Sonderung hat, wie schon ausgeführt worden ist, auch die Konkurseröffnung in bezug auf das Vermögen des Gemeinschuldners zur Folge. Diese rechtliche Sonderung des Vermögens des Gemeinschuldners in Konkursmasse und konkursfreies Vermögen äußert sich zugunsten der Konkursgläubiger dadurch, daß letztere ein Recht auf vorzugsweise Befriedigung aus der Konkursmasse haben und kommt zugunsten des Gemeinschuldners darin zum Ausdruck, daß während des Konkursverfahrens gemäß § 14 KO. sein nicht zur Konkursmasse gehöriges Vermögen, wozu vornehmlich sein Neuerwerb nach Eröffnung des Verfahrens gehört, den Konkursgläubigern nicht haftet. Infolge dieser Vermögenssonderung kann, wenn sich in der Person des Gemeinschuldners die Gläubiger- und Schuldnerrolle an einer Forderung vereinigt, diese Forderung dann nicht erlöschen, wenn der Gemeinschuldner Gläubiger in seiner Eigenschaft als Subjekt des konkursfreien Vermögens

[1]) Vgl. Mager S. 31.

und Schuldner in seiner Eigenschaft als Subjekt der Konkursmasse ist. Daraus ergibt sich folgendes:

1. Wenn C den B beerbt, erlischt die Forderung des B gegen C nicht[1]). Da die ererbte Forderung eine Konkursforderung ist, so ist C Schuldner in seiner Eigenschaft als Rechtsträger seines im Konkurse befangenen Vermögens (der Konkursmasse). Gläubiger aber ist er in seiner Eigenschaft als Rechtsträger seines konkursfreien Vermögens; denn da alles, was er nach Konkurseröffnung erwirbt, nicht in die Konkursmasse fällt, so muß auch die von B ererbte Konkursforderung in sein konkursfreies Vermögen fallen. Dieses Ergebnis entspricht auch durchaus der Billigkeit: Wenn aller sonstige Erwerb, den der Gemeinschuldner nach Konkurseröffnung macht, zu seiner freien Verfügung steht, warum soll der Erwerb einer Konkursforderung durch ihn einer Ausnahme unterliegen? Denn wenn durch die Beerbung des B Konfusion eintreten würde, so bedeutete das praktisch, daß diese nachträglich vom Gemeinschuldner erworbene Forderung nicht wie alle anderen vom Gemeinschuldner nach Konkurseröffnung erworbenen Vermögensgegenstände seiner freien Verfügung unterliegen würde, sondern — wenn auch nur mittelbar — der Befriedigung der Konkursgläubigerschaft dienen würde. Letzteres wäre insofern der Fall, als infolge des Erbfalles ein einzelner Konkursgläubiger mit seiner Forderung ausfiele und damit die auf jeden Einzelnen der übrigen entfallende Konkursdividende größer würde.

2. Wenn B den C beerbt, erlischt seine Forderung gegen C ebenfalls nicht[2]). B ist Gläubiger als Subjekt eines nicht im Konkurs befangenen Vermögens[3]) und Schuldner in seiner Eigenschaft als Nachfolger in der Gemeinschuldnerrolle[4]). Auch dieses Ergebnis entspricht der Billigkeit. Es wäre eine Ungerechtigkeit gegen B, wenn er nach Beerbung des C seine Konkursforderung nicht mehr geltend machen könnte. Denn da sich, wollte man Konfusion annehmen, die Zahl der Konkursgläubiger um einen verringern würde, so würde die Gesamtheit der Konkursgläubiger auf Kosten des

---

[1]) Anders Jaeger, § 3 Anm. 33 und Entscheidung des Landgerichts in Colmar vom 15. Februar 1907 (i. d. Leipziger Zeitschr. f. Handels-, Konkurs- und Versicherungsrecht 1907, S. 366).

[2]) Ebenso Schroeder, S. 35; Mager S. 32; Hellmann S. 620; Rosenthal S. 18; a. A.: Oetker i. d. Zeitschr. f. Handelsrecht, Bd. 66, S. 238.

[3]) Vgl. oben § 9 II.

[4]) Zu demselben Ergebnis kommen diejenigen, die annehmen, daß das Konkursverfahren mit dem Tode des Gemeinschuldners in einen Nachlaßkonkurs übergeleitet werde, schon auf Grund unmittelbarer Anwendung des § 1976 BGB.

B einen Vorteil erzielen. Und wenn man den Fall setzt, daß die Forderung des B gegen C vor dem Erbfall das einzige Vermögensstück des B gewesen ist, dann würde bei Konfusion B infolge des Erbfalles unter Umständen um sein einziges Vermögensstück gebracht werden. Denn wenn der Gemeinschuldner außer der Konkursmasse, von der in der Regel nach Beendigung des Konkursverfahrens nichts übrig bleibt, kein Vermögen weiter an B vererbt hat, dann steht B nach Konfusion seiner Konkursforderung völlig vermögenslos da.

IV. Der Gemeinschuldner (C) und ein Schuldner einer konkursexigiblen Forderung des Gemeinschuldners (D) beerben sich. Auch hier müßte bei Anwendung der allgemeinen Regel das Schuldverhältnis erlöschen; denn wie oben § 1 I, 1, B. 1 gezeigt worden ist, bleibt die Forderung des C gegen D auch nach Konkurseröffnung eine Forderung des Gemeinschuldners und geht nicht etwa auf die Gläubigerschaft über; diese erwirbt nur ein Pfandrecht an ihr. Und wenn daher C den D oder D den C beerbt, so vereinigen sich Forderung und Schuld in einer Hand. Dennoch erlischt auch hier die Forderung nicht durch Konfusion. Das folgt aus zwei verschiedenen Gründen:

1. Der erste Grund ist derselbe, der auch bei einem Erbfall zwischen einem Konkursgläubiger (B) und dem Gemeinschuldner (C) die Konfusion ausschließt (vgl. oben unter III). Auch hier muß der aus § 1976 entnommene Gedanke Anwendung finden, daß trotz Vereinigung von Gläubiger- und Schuldnerrolle in einer Hand Konfusion dann nicht eintritt, wenn aus irgend einem Grunde zugunsten gewisser Personen eine Sonderung des Vermögens des Gläubiger-schuldners stattgefunden hat und letzterer Gläubiger ist als Rechtsträger der einen und Schuldner als Rechtsträger der anderen Vermögensmasse [1]).

a) Wenn C den D beerbt, so ist C Gläubiger als Rechtsträger der der ausschließlichen Befriedigung der Konkursgläubiger dienenden Konkursmasse, Schuldner dagegen nicht als Subjekt der Konkursmasse, sondern weil alles, was er nach Konkurseröffnung erwirbt (Forderungen und Schulden) keine Beziehung zur Konkursmasse hat, in seiner Eigenschaft als Rechtsträger seines konkursfreien Vermögens. Es kann daher Untergang des Schuldverhältnisses durch Konfusion nicht eintreten [2]).

---

[1]) Vgl. auch Oetker i. d. Zeitschr. f. Zivilprozeß, Bd. 25, S. 22 f.
[2]) Vgl. Oetker ebenda.

b) Wenn D den C beerbt, so ist D Gläubiger in seiner Eigenschaft als Nachfolger in der Gemeinschuldnerrolle und Schuldner in seiner Eigenschaft als freier Herr seines Eigenvermögens; auch hier kann daher Konfusion nicht eintreten[1]).

2. Aber noch aus einem anderen Grunde ergibt sich, daß die Forderung des C gegen D durch einen Erbfall zwischen beiden nicht erlischt. Die Forderung des C gegen D ist zugunsten der Konkursgläubigerschaft mit dem Konkurspfandrecht behaftet. Es muß daher hier dieselbe Regelung Platz greifen, die für den Fall gilt, daß Gläubiger- und Schuldnerrolle zusammenfallen bei einer Forderung, an der ein Dritter durch Rechtsgeschäft oder Pfändung ein Pfandrecht erworben hat. Auch hier hat nach richtiger herrschender Ansicht, auf deren Begründung im einzelnen hier nicht einzugehen ist, die Vereinigung von Recht und Verbindlichkeit in einer Person den Untergang der verpfändeten Forderung nicht zur Folge[2]), zum mindesten nicht insoweit, als es sich um die pfandrechtlichen Befugnisse des Pfandgläubigers handelt. Dies war auch im 1. Entwurf des Bürgerlichen Gesetzbuches im § 1223 ausdrücklich ausgesprochen. Die zweite Kommission strich diese Bestimmung jedoch, weil sie sich aus der dinglichen Natur des Pfandrechts von selbst ergebe[3]). Dieser Satz, auf den Fall des durch Konkurseröffnung entstehenden Pfandrechts übertragen, bedeutet zum mindesten zugunsten der Konkursgläubiger das Nichterlöschen der Forderung des C gegen D. Die Forderung des C gegen D kann daher trotz des Erbfalles vom Konkursverwalter zur Konkursmasse eingezogen werden.

Der Ausschluß der Konfusion bei einem Erbfall zwischen C und D entspricht auch der Billigkeit.

Wenn infolge der Beerbung des D durch C oder des C durch D die Forderung des C gegen D unterginge, so würde das eine Verringerung der Konkursmasse und damit eine Schädigung der Konkursgläubiger bedeuten; ein Untergang der Forderung des C gegen D würde nämlich die Konkursmasse um den Betrag dieser Forderung verringern. Daher erscheint es billig, daß sowohl dann, wenn C den D

---

[1]) Ebenso Schroeder S. 35; Hellmann S. 620; Mager S. 29 ff.; Rosenthal S. 18; a. A.: Oetker i. d. Zeitschr. f. Zivilprozeß, Bd. 25, S. 23 f. und i. d. Zeitschr. f. Handelsrecht, Bd. 66, S. 237 aus seiner oben § 9 II erwähnten Ansicht heraus, daß der Erbe des Gemeinschuldners nicht Nachfolger in der Gemeinschuldnerrolle sei.

[2]) Vgl. Thal S. 173 ff.; Wolff S. 617, 404 i. Lehrbuch d. bürgerlichen Rechts v. Enneccerus, Bd. II, Abt. 1.

[3]) Protokolle II 3, S. 536.

als auch wenn D den C beerbt, die Tatsache, daß zugunsten der Konkursgläubigerschaft eine rechtliche Sonderung der Vermögensmassen des Gemeinschuldners eintritt, den Untergang des Schuldverhältnisses durch Konfusion ausschließt.

V. Wenn zwischen einem Massegläubiger B und dem Gemeinschuldner C ein Erbfall eintritt, so tritt ein Erlöschen des Schuldverhältnisses durch Konfusion nicht ein[1]). Denn durch einen derartigen Erbfall findet eine Vereinigung von Gläubiger- und Schuldnerrolle in bezug auf die Masseforderung gar nicht statt; nach dem oben § 1, I, 1, B 2 Gesagten ist ja eine Masseforderung nicht gegen den Gemeinschuldner, sondern gegen die Gläubigerschaft gerichtet. Daraus ergibt sich folgendes:

1. Wenn C den Massegläubiger B beerbt, so erwirbt C eine Masseforderung gegen die Gläubigerschaft. Dieses Ergebnis erscheint auch befriedigend: nach § 1 KO. gehört dasjenige Vermögen, das der Erblasser erst nach Konkurseröffnung erwirbt, also auch der von dem Massegläubiger B ererbte Nachlaß nicht zur Konkursmasse und haftet damit den Konkursgläubigern nicht. Wenn aber durch den Erbfall die zum Nachlaß des B gehörende Masseforderung erlöschen würde, so würde das praktisch insofern eine Haftung dieses Nachlaßgegenstandes für die Forderungen der Konkursgläubigerschaft bedeuten, als sich durch den Ausfall der Masseforderung die Konkursdividende der Konkursgläubiger vergrößern würde.

2. Wenn der Massegläubiger B den Gemeinschuldner C beerbt, so bleibt ebenfalls die Masseforderung des B gegen die Gläubigerschaft bestehen. Dieses Ergebnis entspricht der Billigkeit. Wenn das Schuldverhältnis erlöschen würde, so würden die Konkursgläubiger auf Kosten des B einen unerwarteten Gewinn dadurch erlangen, daß eine Masseforderung ausfiele. Aber auch der Umstand, daß das praktisch eine Haftung der nicht zur Konkursmasse gehörenden Masseforderung für die Konkursgläubigerschaft bedeuten würde, spricht gegen das Erlöschen des Schuldverhältnisses.

VI. Auch ein Erbfall zwischen dem Gemeinschuldner C und einem Schuldner (D) der „Masse“ in dem engeren Sinne, daß seine Schuld eine Schuld an die Konkursgläubigerschaft ist (vgl. § 1 I 1 B c), hat ein Erlöschen des Schuldverhältnisses nicht zur Folge. Auch hier tritt eine Vereinigung von Forderung und Schuld in einer Hand nicht ein; denn wenn auch C Schuldner der „Schuld zur Masse“

---

[1]) a. A.: Th. Wolff i. d. Zeitschr. f. Zivilprozeß, Bd. 22, S. 225 ff., S. 247.

wird, so bleibt doch nach wie vor Gläubiger dieser Schuld die Konkursgläubigerschaft. Daraus folgt:

1. Wenn C den D beerbt, so richtet sich die ursprünglich gegen D bestehende Forderung der Gläubigerschaft zur Masse nunmehr gegen C, und es kann von den Konkursgläubigern Befriedigung aus dessen konkursfreiem Vermögen gesucht werden.

2. Wenn D den C beerbt, so bleibt die ursprünglich bereits gegen D gerichtete Forderung der Gläubigerschaft gegen D bestehen und nach wie vor gegen sein konkursfreies Vermögen gerichtet.

Auch der für diese Fälle sich ergebende Ausschluß der Schuldtilgung entspricht der Billigkeit: Denn ein Untergang der Forderung infolge des Erbfalles würde eine ungerechtfertigte Verringerung der Konkursmasse und damit eine Benachteiligung der Gläubigerschaft bedeuten.

Literaturverzeichnis.

Dernburg, Lehrbuch des preußischen Privatrechts und der Privatrechtsnormen des Reichs. 2. Aufl. 1880.

Endemann, Das deutsche Konkursverfahren. 1889.

Enneccerus, Kipp und Wolff, Lehrbuch des bürgerlichen Rechts. 15.—19. Aufl. 1923.

Entscheidungen des Reichsgerichts in Zivilsachen.

Fitting, Das Reichskonkursrecht und Konkursverfahren. 3. Aufl. 1904.

Fuchs, Der deutsche Konkursprozeß. 1877.

v. Gierke, Otto, Schuldnachfolge und Haftung. 1911 (in der Festschrift der Berl. jurist. Fakultät für v. Martitz).

Hellmann, Lehrbuch des deutschen Konkursrechts, 1907.

Hellwig-Oertmann, System des deutschen Zivilprozeßrechts, 1912/1919.

Hilker, Die Aufrechnung des Gläubigers im Konkurse des Schuldners. (Leipziger Diss. 1906.)

Hullmann, Konkursordnung für das Deutsche Reich, 1879.

Jaeger, Erbenhaftung und Nachlaßkonkurs. 1898.

Ders., Kommentar zur Konkursordnung. 5. Aufl. 1914/16.

Ders., Die Voraussetzungen eines Nachlaßkonkurses. Diss. Erlangen. 1893.

Klein, Untergang der Obligation durch Zweckerreichung. 1905.

Kleinfeller, Lehrbuch des deutschen Konkursrechts. 1912.

Kohler, Lehrbuch des Konkursrechts. 1891.

Ders., Leitfaden des deutschen Konkursrechts. 2. Aufl. 1903.

Kretschmar, Die Theorie der Konfusion. 1899.

Lang, Das Aufrechnungsrecht nach bürgerlichem Recht, seine Erweiterungen und Beschränkungen im Konkurs des Schuldners. 1906.

Langheineken, Anspruch und Einrede. 1903.

Ders., Der Urteilsanspruch. 1899.

Ders., Der verhaltene Anspruch. 1912. (In der Festgabe der jurist. Fakultät Halle für v. Brünneck.)

Mager, Der Tod des Gemeinschuldners im anhängigen Konkursverfahren. Erlanger Diss. 1901.

Mandry-Geib, Der zivilrechtliche Inhalt der Reichsgesetze. 4. Auflage. 1898.

Mosler, Zur Lehre von der Konfusion nach gemeinem römischen Recht und dem Recht des Bürgerlichen Gesetzbuches. Berlin. Diss. 1897.

Motive zu dem Entwurf einer Konkursordnung. 1875.

Mugdan-Falkmann, Die Rechtsprechung der Oberlandesgerichte auf dem Gebiete des Zivilrechts.

Oetker, Konkursrechtliche Erörterungen (Ztschr. f. d. ges. Handelsrecht. Bd. 66. S. 193 ff.).

Ders., Konkursrechtliche Grundbegriffe. Bd. 1. 1891.

Ders., Konkursrechtliche Probleme und neuere Konkursliteratur (Ztschr. f. dtsch. Zivilprozeß. Bd. 25. S. 1 ff.).

Petersen-Kleinfeller, Konkursordnung für das Deutsche Reich. 4. Aufl. 1900.

Planck-Strohal, Kommentar zum Bürgerlichen Gesetzbuch. II. Teil. 1. Hälfte, bearb. v. Siber 4. Aufl. 1914.

Protokolle der Kommission für die 2. Lesung des Entwurfes des BGB. 1899.

Rosenthal, Der Tod des Gemeinschuldners im anhängigen Konkursverfahren. Frankfurter Diss. 1918.

v. Sarwey-Bossert, Die Konkursordnung für das Deutsche Reich. 4. Aufl. 1901.

Schröder, Der Einfluß des Todes des Gemeinschuldners auf ein anhängiges Konkursverfahren. (Ztschr. f. dtsch. Zivilprozeß. Bd. 28. S. 1 ff.

v. Schrutka-Rechtenstamm, „Die Kompensation im Konkurse nach österreichischem Rechte und mit Berücksichtigung konkursrechtlicher Normen des Deutschen Reichs. 1881.

Schultze, August Sigmund, Das deutsche Konkursrecht in seinen juristischen Grundlagen. 1880.

Schwedler, Das Erlöschen der Schuldverhältnisse durch Vereinigung von Recht und Verbindlichkeit. 1897.

Seuffert, Lothar, Zur Geschichte und Dogmatik des deutschen Konkursrechts. 1888.

Derselbe, Deutsches Konkursprozeßrecht. 1899.

Derselbe, Zur Revision der Konkursordnung bei Einführung des Bürgerlichen Gesetzbuches (Ztschr. f. dtsch. Zivilproz. Bd. 22. S. 475 ff.).

Siber, Kompensation und Aufrechnung. 1899.

Stieglitz, Die Konkursordnung für das Deutsche Reich. 1879.

Sydow-Busch-Krieg, Konkursordnung und Anfechtungsgesetz. 13. Auflage. 1923.

Thal, Die Vereinigung von Recht und Verbindlichkeit beim Pfandrecht an Forderungen. 1905.

v. Voelderndorff, Die Konkursordnung für das Deutsche Reich. 1884. 1885.

Wach, Handbuch des deutschen Zivilprozeßrechts. 1885.

Weigelin, Das Recht zur Aufrechnung als Pfandrecht an der eigenen Schuld. 1904.

Wengler, Die Konkursordnung für das Deutsche Reich. 1879.

v. Wilmowski-Kurlbaum, Deutsche Reichskonkursordnung. 6. Aufl. 1906.

Wolff, Th., Konkursordnung. 2. Aufl. 1921.

Derselbe, Die Massegläubiger im Konkurse (Ztschr. f. dtsch. Zivilprozeß. Bd. 22. S. 207 ff.).

Zachariä-Crome, Handbuch des französischen Zivilrechts. 8. Aufl. 1894.

FSC
www.fsc.org
MIX
Papier | Fördert
gute Waldnutzung
FSC® C083411

Kolibri 360 GmbH
Ferdinand-Jühlke-Straße 7
99095 Erfurt, Deutschland
produktsicherheit@kolibri360.de